亲历中国丛书

萨特和波伏娃

对新中国的观感

Jean-Paul Sartre

Simone de Beauvior

1955

上海书店出版社

“亲历中国丛书”总序

千年以来，中国一直吸引着全球关注的目光。作为闻名于世的礼仪之邦，自古就以“有朋自远方来，不亦乐乎”的包容心态，接纳过无数来自世界各地的朋友。无论是千年前的零星游客，还是百年来的传教士、学者或者大师，他们先后见证了中国古代的辉煌、近代的落寞和当代的崛起。他们经历了从好奇、探究、兴奋、赞叹，到幻灭、深思的心路历程，最后形成了专业的海外中国学。不知不觉中，这些亲临中国的朋友本身也融入了中国历史的长河。

从五四时代起，有一批文化名人不远万里，亲临中国，足迹遍及大江南北。他们通过讲演、谈话和著述，带来新学说，传播新思想和新观念，让我们不但有幸目睹他们的风采，从而进一步激起了中国人与世界沟通的愿望，并开始思索中国的发展道路。这些来华的文化名人中有美国的杜威，英国的罗素、萧伯纳，印度的泰戈尔，法国的萨特……他们是大师，是世界名人，更是中国人民的朋友。他们多年来关注中国的思想文化的发展，关注中国的历史命运。在我们彷徨不定的时候，他们为我们指点前程；在我们遭受异族侵凌的时候，他们为我们呐喊奔走；在我们取得成绩的时候，他们为我们欣喜鼓掌。他们的到来，本身就是一种热潮、一种力量。他们的每一次来访，都曾在中国产生很大的影响，成为当时的重大文化现象。他们坚定的目光、自信的话语、超人的学识，曾经感动过中国的文化名流，也曾激励过中国一代又一代的热血青年。

是的，他们与中国密不可分。或许他们的观点并不能让所有人接受，但历史会记住他们的真诚。

我们收录这些大师的讲演、著述和谈话，记录他们在华活动的行迹，选录当时及之后的种种评论，试图以此重构这些历史画面。我们愿以此来纪念这些文化名人，以进一步推动中国与世界的文化交流，这就是我们编辑这套“亲历中国丛书”的目的和意义所在。

亲历中国丛书编委会

2014年6月

目录

序　萨特和波伏娃与中国的交集

法国著名作家、存在主义大师让-保罗·萨特和西蒙·波伏娃，对于中国学术界来说，是如雷贯耳、耳熟能详的名字。

萨特（Jean-Paul Sartre，1905年6月21日—1980年4月15日），生于巴黎，早年丧父，寄居在外祖父家。外祖父是一位杰出的语言学家、法语教师，因此，萨特自幼受到良好的教育，打下扎实的文字功底。1924年，萨特进入巴黎高等师范学校，攻读哲学。1929年，他以第一名的成绩通过大中学教师学衔会考，并经短期服役后，在外省担任哲学教师。1933年，到德国柏林的法兰西学院学习，接受了存在主义理论，并形成自己的存在主义思想体系。第二次世界大战爆发后再次入伍。1941年再度任教。1945年，他创办《现代》杂志，成为职业作家。1964年，由于他的作品"思想丰富，充满自由气息和探求真理的精神"，瑞典文学院决定授予他诺贝尔文学奖，但萨特拒绝领奖，理由仅仅是他"拒绝一切来自官方的荣誉"。

萨特始终关注人类和平事业，对德国法西斯发动的侵略战争、美国发动的朝鲜战争和越南战争表示谴责，并在20世纪60年代反对法国殖民者对阿尔及利亚进行的战争。70年代，他曾积极支持法国左派的《人民事业报》，并以70多岁的高龄，上街叫卖这份报纸。他因而被誉为“20世纪人类的良心”。

1980年，萨特在巴黎去世。几万名巴黎市民上街为他送葬。由于他“拒绝一切来自官方的荣誉”，法国总统德斯坦以个人身份亲自前往向他的遗体告别。萨特的去世，使全世界主持正义、爱好和平的人们深感悲痛。

法国女作家西蒙·波伏娃（Simone de Beauvior，1908—1986），这个名字总是紧跟在萨特之后。她生于巴黎，父亲是一位学识渊博、喜爱文学的律师。西蒙·波伏娃从小受基督教文学熏陶，6岁进教会学校，但后来成为无神论者。1929年与萨特在巴黎高等师范学校相识相知，后来他们成为终生伴侣。同年，她以第二名的成绩通过学衔会考并取得哲学教师资格，可谓与萨特比翼齐飞。1931年起，在巴黎和外省讲授哲学课程。1954年，她的作品《大人先生们》获龚古尔文学奖。曾与萨特一起创办《现代》杂志，关注人类进步事业，做了许多工作。

萨特和波伏娃对中国十分友好。1955年9月至10月，他们曾来中国访问45天，并作为周恩来总理的客人，登上天安门城楼，参加国庆庆典。

1955年11月2日，萨特在《人民日报》发表了《我对新中国的观感》，充分肯定了新中国的建设成就，认为“这个伟大的国家正不断地在转变”，认为社会主义是“一个伟大的民族为了建立一种更人道和更公正的社会制度而努力”，而法国人民对这个“伟大国家”，“只能抱有一种情感，那就是：友谊”。

回国后，萨特在《法兰西观察家》周刊1955年12月1日和5日这两期上，发表了《我们所见到的中国》一文，并表示将专门著书，讨论中国问题，可惜后来未能如愿。同时，他接受《新政治家与民族》杂志记者加罗尔的采访，于1955年12月3日发表了访谈录《对新中国的看法》。

西蒙·波伏娃回国后，于1957年专门出版了对新中国的观感《长征》一书，后来又在自传性作品《环境和力量》（1963年）中提到访华一事。《长征》一书，后经人译成英语，厚达513页。该书除介绍其访华观感之外，特别难能可贵的是，还详细介绍了中国的政治、军事、经济、文化，另有专门一章介绍中国各大城市：北京、南京、上海、杭州和广州。这部记述中国之行的书不仅仅是观感，它充分反映了波伏娃的中国观，有不少精辟的见解；同时，以大量的事实驳斥了西方的反华观点，纠正了某些西方人对中国的看法。该书出版之后，曾在西方引起了巨大反响。尽管访华只有短短的45天，但波伏娃对中国的了解却是十分全面、十分详细。对此，我们不得不表示惊奇和佩服！

萨特和西蒙·波伏娃对中国一直十分友好，直到1975年，萨特还在其《七十岁自画像》的长篇谈话中谈到中国。当记者问他："在你的同时代人中，你有没有对别的人也予以完全的器重？"他的回答是：

> **毛。我给与毛以完全的器重，至少一直到前几年。我不太理解"文化革命"，并非我反对它，一点也不，而是因为我弄不清这意味着什么，我想这在事实上也是不清楚的。**
>
> **我在余年还愿意去几个地方旅行，其中有中国。我在它的历史的一个瞬间，在1955年，见过这个国家。后来发生了"文化革命"。我很乐意现在重新见到它，我想这样我就能更好地理解它。**

萨特和波伏娃的学说在中国的传播，却是颇费周折。

早在1948年，著名学者罗大冈就曾撰文介绍过萨特的存在主义作品。后来，罗大冈于1955年接待过萨特和波伏娃。不过，萨特和波伏娃访华时，他们的存在主义的哲学和文学并不广为人知晓。那时，中国的学术界几乎无人知晓存在主义为何物。为此，萨特和波伏娃不免有些失望。萨特的存在主义广泛引起中国人学术界的注意，却是在萨特去世之后。

先是中央电视台报道了萨特去世的消息。之后，张英伦在《人民日报》发表了《萨特——进步人类的朋友》一文；柳鸣九在1980年第7期《读书》杂志上发表了《给萨特以历史地位》；1981年10月，中国社会科学出版社出版了柳鸣九编选的《萨特研究》一书，详细介绍了萨特其人其哲学其文学。后来，萨特的《存在与虚无》《萨特剧作选》等先后有了中译本。1986年12月，西蒙·波伏娃的《第二性——女人》一书的中译本由湖南文艺出版社出版，引起广泛注意。这样，存在主义作为一种社会思潮，在中国广泛传播开来，不少人甚至接受了存在主义的世界观。

于是，在20世纪80年代中期，有了一场关于存在主义的讨论和论争。

正如第二次世界大战之后存在主义在西方广泛传播有当时的社会心理一样，存在主义的一些观点迎合了刚刚从十年浩劫走过来的中国人的心理。然而，尽管萨特的哲学在很多方面与马克思主义有一致的地方，他本人也曾是“共产党的同路人”，但存在主义毕竟不同于马克思主义。因此，这场论争便以此为焦点而展开。

本书收录了萨特和波伏娃谈中国的文章，除了萨特的《我对新中国的观感》《对新中国的看法》和波伏娃的《中国印象》之外，主要节译了《长征》一书中的几个章节，分为“前言”“文化”“文学”“十月一日国庆节”和“结论”这几节。与此同时，本书也收录了中国学术界对萨特和波伏娃的几篇评论文章。

我们愿以本书来纪念萨特和波伏娃的中国之行，纪念他们对中国人民的友谊，同时纪念我们一起走过的这段道路，并愿以此献给现在的中国读者。

编　者

2014年6月

萨特和波伏娃

谈中国

萨特和波伏娃

我对新中国的观感

让-保罗·萨特

这个伟大的国家正不断地在转变。当我到达这里的时候，我那一些法国朋友们从中国回到法国后所讲的情况已经不再完全正确。等过了一个星期，我再说的话，也不会是完全正确的了。我在沈阳住了不到一个星期，等我回到北京的时候，北京的面貌，在某些街道上和某些市区里已经变了样子：有一些房子已经完工，另外一些又在动工。像我这样一个人来到这样一个国家住了45天，而这个国家的历史是那么样的丰富，它当前的情况又是那么样富有活力，所以最好的办法只有不讲话。可是，我的中国朋友们却要我谈谈对于中国的感想。我认为他们想知道的是，哪一些事情引起了一个最不了解情况的旅客的注意。既然是这样的话，不了解情况倒变成了一种优点，而初步的印象也许会包含一些真理。我所看到的也就是大家都看得到的东西：中国已经显示了它的无所不包的容貌。至于一些特定的真理，那是下一步专家们的事情。

正如你们可以想象得到的，首先令人吃惊的是你们任务的巨大。在几年以前，照你们的说法，你们的国家还是一个"半封建和半殖民地"的国家。在好些地区，你们农民的生活还和一千年以前没有多大区别。你们现在决定用50年的时间，来追上一千年的历史，把你们的经济制度、社会结构、甚至语言文字，都彻底改变。关于这一事业的伟大性，人们在巴黎读了你们的书籍，看了你们的报告，也还是可以想象得到的。可是要真正掌握这个伟大性的尺度，那却非得要亲自来到你们这里，参观了东北的大工厂，在归途走过你们的农村，在同一天里面，看到了鞍山的高炉和附近土墙茅舍的乡村，农民们有的还在徒手耕作。每一天，每看一眼，必定要同时看到古老的中国和未来的中国，才能够懂得你们当前的情况正是这个了不起的和生动的矛盾所构成的。

这就是不管什么时候都可以使人得到的一种最肤浅和最仓促的观感。一开始，人们就看得到你们事业的多种多样性：中国必定要能够自己制造飞机、载重汽车、拖拉机，但也必定要扫除文盲，同时作家也必定要改造自己，然后改造他们的作品，以便适应新的公众的需要。但是，只要对你们的各种问题做了稍为深入一些的考虑，特别是，只要听到你们专家的谈话，人们就会发现，你们的一切任务都是互相联系着的，都是彼此契合着的，好像在每一件事情里面，任何后果都会反映到原因上来，使原因再起变化。不错，只有发展重工业才能使农民得到拖拉机来完成农业集体化。但是，反过来说，如果集体化运动不从今天起就在农村中大规模发展起来，那么中国的社会主义工业化就会遇到严重的困难。在完全另外一个领域内，你们想用音符来代替汉字，以便简化汉文的学习，并且在借用或制定新的技术名词时获得便利。这样一来，文字的改革就更可以为生产服务了。然而，反过来说，发音的统一是文字改革的先决条件，而发音的统一又大部分要依靠交通：如公路、铁路、车辆等，总而言之，工业生产又反过来变成文字改革的必要工具。这样的例子是举不胜举的。如果你们不耐心地帮助一个外国人来了解的话，那么，他看到了你们一切事业的错综关系，也许会弄得迷失路途，白白地转起圈子来。过了几天，一个外国人所感到惊讶的，将是你们的远见。他很快就会察觉到，你们的政府不但不把这种错综的关系看作是额外的困难，而且还把它当作是达到目的的最可靠的方法。你们的综合精神和辩证精神总是全面地来处理问题。你们决不肯孤立地对待问题，你们总是把你们整个社会最不相同的现象结合起来看的。在听你们谈话的时候，人们终于会清楚地了解到，每一个特定部门的进步，怎样会促进其他一切部门的进步。

当我们来到北京的时候，请你们相信吧，我们这些欧洲人也曾读过许多有关新中国的书籍和文章。但是，这些作家都是你们的朋友，究竟应该采取些什么办法并不需要他们来决定，所以他们往往不由自主地有一种倾向，即强调你们前进的道路上那些像里程碑似的困难。他们担心地说："不过，文字是在中国各个不同地区发生联系作用的呀。假如我们的中国朋友们把文字拉丁化起来，那么，中国的北部同南部、东部同西部的文化联系，就会受到破坏的呀。因此，我们来到贵国，心里面充满了这一类令人担心的问题，同时也沉重地带着许许多多问题，慢慢地向你们提出。我们察觉到，你们对于这些问题是没有不接头的，但是你们是从实行方面来考虑这些问题的，你们绝不从这里面找一些藉口来推脱。你们只在这里面看出，应该依着什么次序来解决问题。因此，我们想向你们提出的问题，就没有多大意义了。你们的解答就在组织工作和工作方式里面。既然统一发音是文字拉丁化的必要条件，那不要紧，你们就先把语言统一起来。

这看起来似乎很简单，人们也许会说，这不过是一个方法问题。但是，只要稍为想一想，人们就会察觉到，仅仅这一个初步任务就已经需要极大的努力。你们镇静地说："大概需要15年。"你们使人家不能不肃然起敬的，不仅是你们的远见，而且还有你们那种无限的耐性。不错，统一语言需要15年，然后才能够处理拉丁化问题。过了15年，有些主张文字改革最为热烈的人，也许已经看不见他们的意愿变成现实。没有关系，他们只要为了实现这个意愿而工作就够了。既然走向目的地的道路只有一条，那么在这条路上多走一段或是少走一段，是没有什么关系的。人民是不会死亡的。他们确信自己能够走到这条路的终点。正就是因为这个缘故，所以我们时常非常感动地看到，许多工程师、工人、农民，像未卜先知的人那样很自然地对我们描绘一个他们自己看不到而要等儿女们来代替他们看到的未来社会。有一位工程师在抚顺很安详地告诉我说："这个城下面有矿苗，我们要把这个城搬开。"他微微含笑，觉得住在一个临时的城里也很愉快。这个城固然是临时的，但是比起这位工程师的寿命来，也许还会长一些。在南方，一位农学家做了一些接种的试验，他说："我们要把平原的果树都移植到这些山坡上去。"他指着那些山给我看：在他眼睛里看起来，这些山坡都已长满了香蕉树和木瓜树；我似乎也看到了他所看见的景象。这一天，西蒙·波伏娃对我说："在中国，一个法国人自己觉得已经是一个死人。"这话是真的，因为，等到香蕉在山上长起来，抚顺城搬了地方，我们也已经不在了。但是在中国，直接的现实是未来，所以我们通过你们的眼睛所看到的是我们已经离去了的世界。但是，请你们不要以为这会使我们感觉哀伤，恰恰相反，你们把你们的耐心和虚怀若谷的风度传给了我们。由于你们，由于你们的劳动，由于你们的信念，未来已经在眼前。我一向觉得，如果所有的人都和我一道死亡，那么，我将死得非常难过。如果，人类在我死后还活着，而且我还能够清楚地知道人类朝着什么方向前进，那么，我个人的生死问题是无所谓的。

我们之所以会这样地信任你们，无疑是因为你们在谈工作的时候，毫不隐讳困难，也毫不掩饰错误。尤其是因为中国人民的进步从两方面给外国人非常深刻的印象，而这两方面是相辅相成的，同时也是不可分割的。我今天要强调的就是这两方面。

的确，从一方面说起来，你们显然除了现在所做的也不能有其他的做法。你们走向社会主义，这不仅是一个伟大的民族为了建立一种更人道和更公正的社会制度而努力；在中国，社会主义化是一个生死存亡的重要问题。你们也许会说：这在到处都是一样。不错，是这样的。但是，在任何其他地方，社会主义化的客观必要性也没有这样的鲜明显著。这同时也是中国人民千百年来为反对压迫而进行斗争的最终目的，对于现在的中国和未来的中国来说，都是一个有关生死存亡的问题。假使不提高工业和农业生产，如何能够从贫困中解脱出来呢？假使不以严格的计划经济来代替自由资本主义，又如何能够提高生产呢？中国必须或者灭亡，或者走向社会主义；它必须或者灭亡，或者变成一个非常强大的国家。然而，只要看一看你们如此欢乐的青年和儿童，就会理会出这个国家一定不会灭亡。

但是，这种要求非常严格，而且中国的历史和今天的情况都使之成为极其迫切的建设工作，还有另外一方面，这连一个仅仅路过这个广大国家的游客也会看得出来的。这一方面，由于我找不到更恰当的字眼，就称之为深切的人道主义吧。在这样说的时候，我不仅是指一个民族有了非常明确的方向，既不容许开倒车，也不容许停顿不前而表现出来的令人钦佩的耐心，而且是指这个民族不愿意强迫任何人，而是用解释、说服和讲理来代替发号施令。我特别想到这种值得钦佩的“人人为我，我为人人”的精神。这种精神并不是从天上掉下来落在中国的头上的，而正是你们在前进中产生的果实，也就是你们继续前进的必要方法。将来，你们一定会用工业生产的强大力量来改善人民群众的生活。但是，你们的重工业还刚刚在开始建设。将近六亿的中国人民完全要靠土地来维持生活，当一个外国人穿过中国的大平原时，他看到这种特殊的情况不禁感到惶惑：没有拖拉机，牲畜不多，树木很少，很多的人，他们的影子无边地反映在大地上。目前，除了改变这些人彼此之间的关系以外，别无其他办法来提高农业生产。首先，他们把自己从压迫、剥削、饥饿、物质上的欠缺和愚昧中解放了出来。由于他们得到了自由，生产已经提高了。但是，为了使生产更进一步地提高，必须使生产合理化，建立互助组和生产合作社。这样，如果他们提高了生产，那是由于他们人与人之间的关系密切起来了。我知道，你们不喜欢无保留的赞扬。你们曾和我讲过某些官僚主义者的命令主义和主观主义的作风，也有些有钱人从中捣乱。你们曾经告诉我有些地方强迫农民加入合作社，有些地方不顾劳动者的意愿而限制了集体化的发展。这些不可避免的错误，你们都不断地在揭发和纠正。这些错误并不能影响那主要之点，即：友爱变成了生产的原动力。今天，中国还是贫困的，而使我们深刻感动的，就是那些贫穷人们的互助。必须向苍蝇进行斗争，向老鼠进行斗争，向细菌进行斗争，向水灾或干旱进行斗争。每一次斗争都是像十字军一样，全体群众都动员起来了，而它的成就不仅是消灭了1.2亿只老鼠，而是友谊在亿万人民当中建立起来了。我非常钦佩在你们的国家里，群众不断地自己影响自己，并且通过一种互相推动而得到解放，这种互相推动不断地使每一个人和大家都更加密切起来。你们还缺少学校。但这并没有关系，每一个识字的中国人都可以去教另一个中国人。这就是说，每一个识字的中国人都将成为另一个中国人的朋友。就是因为这种情况，所以社会主义既是一种最严格的必要，同时又体现了人与人之间最合乎人情的关系。对我说来——同时我相信对大多数来中国访问的人也是如此——使我感动得最深刻的就是新中国的这种双重面貌。

难道还需要我在我的国家里在很多其他人士之后去驳斥某些报纸的论调，而证实你们对和平的普遍愿望吗？这里，我们又遇到一件在两方面相辅相成的具体事实。一方面，凡是学习要互相友爱的人绝不可能企图发动战争。当一个国家变成凶蛮好战的时候，那是由于它的政治制度使得它困苦到本国人民都彼此仇恨。但是，在另一方面，对中国来说，维护和平是一个再明显不过的客观的必要因素：中国所建设的和指出的前途，是中国人民唯一关怀的前途，只有和平能够成为这种事业的保障。对这个曾经遭受过多少苦难，而且今天又能够不计较旧日仇恨的伟大国家，法国人民只能抱有一种情感，那就是：友谊。

（原载《人民日报》1955年11月2日）

萨特对新中国的看法

加罗尔

让-保罗·萨特刚刚结束了为期2个月的中国之行。他在只有一个翻译的陪同下走遍了中国。虽然近几年来，他与法国共产党关系密切，但他首先仍然是一个个人主义者；因此，他对中国的印象是十分令人感兴趣的。自他回来之后，他断然拒绝对这次旅行作任何评论。所以，当他同意接受本杂志的独家采访时，似乎有点出人意料。采访是在他在波拿巴特街的公寓里进行的，他的桌子上堆满了手稿和书籍。

我的第一个问题是："是否存在一种中国的马克思主义？中

国共产主义者是否已真的成功地将中国的传统思想‘吸收’进马克思主义哲学当中了？”萨特轻松地回答了这一问题：“马克思主义在中国是与西欧完全一样的。至于儒教，它在很久以前就丧失了生命力，仅仅变成了一种礼仪体系。这就是马克思主义作为一门完整的哲学在向中国渗透过程中为什么没有遇到阻碍的缘故。因而互相渗透的问题是不存在的。儒教既已成为一种礼仪体系，在某种意义上它便每天都为所有的中国人所实践。要想概括一个中国人是非常困难的。这并不是因为他对你隐瞒什么，而恰恰是因为这一礼仪体系，它要求在人际关系上保持谨慎、自我克制，但这并不是憎恶或冷淡的表现。”

虽然萨特此时谈得很热烈很流畅，但我感觉到我们所谈的不是他所感兴趣的话题。我试着问了一些文学方面的问题。他对胡风事件并不知道得更多——他只发现大多数中国作家对此并不特别关心。在他看来，对这一位进步的文学批评家——他也是国会会员（编者注：加罗尔本意是指胡风曾担任全国人民代表大会代表）——的指控是矛盾的。他被指控攻击政府对文学事务的控制和企图兴起一个反革命的文学运动，其证据是在他被逮捕前发表的几封信。萨特说：“一个地下的文学运动只有可能在沉默中进行，但胡风却说得很多。”他继续说：“无论如何，中国作家并不关心胡风事件和党的指示。他们人人都相信这一事实：即胡风是有政治倾向的，纯粹审美主义的怀旧病是罕见的。他们更关注的是提高文学水平的方法和方式。他们力图劝说作家们，在马克思主义指导下，为了强化他们作品中主人公之间的冲突而创造出更复杂的作品来。当他们的题材涉及革命前的背景时，他们通常是成功的。但小说家们似乎并不能生动地处理革命后的情况，他们通常有一个标准的结局，如果中国的马克思主义文学要想变得有生气的话，则必须要增加敏感性。”

我接着问萨特，中国革命是否像苏联一样，产生了一大批灿烂夺目、富有文学才华的新星。“不，这里不能作比较。”他回答道，并又较详细地解释说，在苏联，共产党是在军事失败之后创立社会主义的，他们在一片混乱中建设他们的新政府。而在中国，情况恰恰相反——中国的革命是由胜利引起的，得到了全体人民的赞同，导致了国家的文化以及经济生活的稳定。在这种条件之下，文学本身趋向于变得更有纪律。我并没有能理解他这里所作的推理，但我并不想在这一点上与他争论，尤其是因为我觉得我仍然没有涉及他所真正感兴趣的问题。

然而，当我提及集体化时，他兴致倍增，这时我意识到他为什么同意这次采访。他说，对新闻界最近大量的有关中国集体化新浪潮的报道，他极为愤慨。萨特写的文章、他的谈话都表明他是一位能言善辩的人，他几乎在各个方面都如此。此时，他滔滔不绝地说："中国并没有在进行第二次革命。那里将不会出现苏联式的集体化。那些在这一意义上理解毛泽东报告的人显然并没有去过中国，对中国的集体化根本不理解。在这一方面，中国已研究了苏联的经验，他们力图将集体化建立在人民完全自愿的基础上。其方法是劝告中国农民，他们从集体农庄中将得到更多的收益，至少是保持原样，为了使他们相信，他们更多地采取了实践证明的方法而不是依赖纯粹的政治宣传；无论在哪里，只要他们能向农民表明加入合作社以后他们的生活条件被改善了，就证明这一方式是成功的。一个例子是种茶。先前在烘干过程中，农民必须夜以继日地烧炉子、观察炉灶。今天，在集体农庄中，一个人可操作15个或更多的炉子，获得了更多的收入。我可以给你一些其他有关种水稻的例子，但原理是众所周知的：仅在对农业和农民二者而言都是有利可图的地方才引进集体化。参加合作社的农民如果他们想退出的话可以随时退出。我知道有些农民进进出出反复了4次。我确信，由于这一原则，中国只有在有了足够的拖拉机和其他农业机械使全国范围内的操作方法合理化以后，才可能有彻底的集体化，从而将集体农庄卖给全体农民。仓促和强制性的集体化的危险纯粹是臆想的。”

我问萨特，在欧洲，农民的心态被证明是集体化的最大障碍；在中国，这种农民心态是否引起许多困难。在萨特看来，中国农民的心理、传统和习惯是与欧洲的农民很不相同的。他说，集体化的成功因地区的不同而有很大差异，这里有许多复杂的因素。例如，在中国北方，那里解放得较早，农民在长期的战争中起着积极作用，他们已经高度政治化了，在某些方面，这使合作社的建立更为容易。与此同时，由于北方农庄瓦解得更早，因而毛泽东所说的“资产阶级”的农民阶级——他们当然是反对集体化的——也更先进些。而在南方，大多数农民从未有过自己独立的农庄，土地改革仅在1952—1953年才开始，因而集体化显然并没有遇到同样的问题和困难。

我问道，是否存在这样的危险，除非政府对农民采取更强制的方针，否则中国的农业将不能解决越来越增加的人口压力？萨特认为中国政府对此远远不如我们在西方这样焦虑。他说：

“如果你问他们这一方面的问题，他们就生气。工党代表中有一个人曾提出这一点，认为人口压力将会使中国成为帝国主义。但中国人对此早已准备好答案。他们说，一个国家的人口和帝国主义政策之间没有任何联系。英国尽管出生率较低，但征服了印度；印度尽管出生率很高，但从没有试图征服英国。在北京，他们向我解释说，只有15%的土地已开垦了，中国真正需要的是开垦自己的农村。事实上，党的领导人并不真正关注人口的增长。他们否认我们这里的说法，即他们的人口以每年1 000万的速度增长。在城市有家庭计划顾问中心，但没有全国性的进行控制生育的运动。”

此时，萨特突然改变了话题，谈起中国政府反腐化、反浪费和反脏乱的斗争。他说：“在讲卫生运动中，他们劝导人们清除虱子。一些农民认为虱子是他们身体的一部分，起着吸收臭味的作用。他们从民间传说中知道皇帝身上就有三种小虫子。当局印制大量的放大的寄生虫的图片散发到全国。这尽管花时间，但该运动却有始有终。这一运动正如著名的灭蝇运动那样成功。这两个例子都说明当全体人民都围绕某一个准确、有限的目的动员起来时，他们能做些什么。”

我接着带有怀疑口气地问他中国人民是否比欧洲人更容易使自己动员起来，萨特听后明显地生气了，我立刻由一个采访者而变成他的一个对手。"你一直都在向我提一些消极的问题，"他抱怨说，"对每一话题你都试图与欧洲作比较，你一直想证实你的怀疑"。我不知道如何反驳这一指责，我代表《新政治家》杂志社，这本身即已确切而又充分地表明我不是反亚洲的，如果我想与欧洲作比较的话，是因为我从没有到过中国。但无论如何，我并没有时间提出抗议。从现在起，萨特决定回答他自己提出的问题。"中国对我印象最深的是什么呢？"他说道："我告诉你，我为那里的人民和他们的领袖之间共有目标的一致性所震惊了。群众的被动性是中国正在消失的许多事物之一，他们对他们的领袖非常信任，他们正为实现那些简洁明确的具体目标而奋斗。我把这称为群众的自主决定（auto-determination）。我给你举个例子——扫盲运动。政府意识到他们不能提供足够的学校和教师。所以，他们公开呼吁：所有识字的人要至少教他的一个邻居识字，这一运动开展了起来并取得巨大的进展。感谢这种自主决定，中国的面貌正以惊人的速度改变，痛苦依然存在，但这种痛苦是不能与殖民地的痛苦相比的，它已变成伤口腐烂时的痛苦，你如果愿这样称呼的话。感谢一个集体的努力，非人道方面的痛苦——脏、贫民窟等等现象——已经消失了。”

“这些集体性的成功是如何可能的？是因为中国人民有无穷的智慧。这不是个人智慧的象征。在大街上你遇到一个法国人也许显得比中国人要伶俐得多。但中国人具有一种极清楚地理解极为复杂工作的集体能力，并一起为实现它而共同努力。他们有信心、能克服私欲。他们的领袖坦率地解释说，在目前这一代，人们的生活只能有一定的改善，目前只能做些暂时性的工作，建设一个新中国需要50年时间。但群众对此并不失望，他们有新中国的蓝图，为它而工作，似乎这一新中国在第二天就能真正实现。”

在向中国人的智慧表示敬意之后，萨特说，一些中级官员的质量——那些介于领袖和群众之间的官员——极有待于提高。但我们的谈话已有两个小时，是我该告辞的时候了。当我站起来时，萨特说：“我很抱歉我们没有时间谈另一个重要的问题——经济发展，它将最终决定这一政体是否行得通。”行得通？我想，在获得许多成就并确信有美好的前景之后，是否人们还存在什么怀疑？然而，萨特立刻自我纠正道：“我错用了一个词。我想说的是，在中国群众被唤起之后，有必要迅速地工业化从而去满足新的追求——物质的、技术的和文化的，这些新的追求会不可避免地来到的。你已经可以从农民中看到这一点。在农民中，工业有着巨大的吸引力。在捷克机器展览馆前，他们排着长长的队伍。农民非常渴望拥有这些机器。但生产拖拉机要比消灭寄生虫困难得多。不能迅速地工业化将给这一政体带来困难。"

在萨特送我出门时，我问了他有关苏联对中国援助的问题和是否在中苏关系之间存在一定的冷淡，他认为苏联的援助是实质性的，但远远不够。苏联人在中国到处可见，他们在所有地方都很受欢迎。我向他提醒一些英国记者的报道。他说："那是儒教的影响——那是中国人的方式。即使他们张开双臂拥抱你，他们的行为也时时显得与你有距离。"

在街上时，我想理一下自己的思绪。萨特是极难采访的一个人；他想立刻告诉你所有的东西，但他不愿被问题牵着走，你会被他的用词技巧与雄辩所折服，被他谈话的方式和内容所深深吸引——但并不是总能确信无疑。如果你想让他重复一个句子以便更好地理解它讨论它或钦佩它，你会发现他已经谈起了其他的东西。中国是亲切的，已给他留下了一些强烈的印象。我们必定希望在不久的一天，他能自己把它们写下来。

编者注：选自*The New Statesman and Nation*（《新政治家与民族》），1955年12月3号第737—739页。本篇是《新政治家与民族》杂志记者加罗尔（K. S. Karol）对萨特的采访录。萨特直接论述中国的文字并不多见，这篇采访录是少数中的一篇。

（原载《世界名人与中国文化》，柳卸林译，董平校）

长征

西蒙·波伏娃　著

秦　悦　译

一　前　言

1955年9月，当飞机飞越戈壁大沙漠时，坐在机舱里的，有两个捷克人、三个俄国人、一个匈牙利妇女和她的小女孩，还有一个南非人和两个法国人。前面五位是技术人员，第六位是某技术人员的妻子，全都是前去就任以前的职位；后面三位是中国政府邀请的客人。在万隆，周恩来发出了邀请。他邀请的不限于参加会议的各国，也包括世界上所有的国家："来看看中国。"毫不奇怪，我们正是借此机会访问中国。那个南非人长着一头金发，性情随和，不拘小节；他身穿一件格子衬衫，手里拿着一把木雕的小短斧、装饰得非常漂亮而又原始；他从好望角到巴黎，到伦敦，到赫尔辛基，再到华沙，这样不停地游满了好几个月；在莫斯科机场单调重复的广播中，他听到了"北京"一词，他揉了揉眼睛："快把我弄醒，"他对邻伴说，"我一定是在做梦"。而我则是昏昏沉沉的，没真正睡着过，36小时的飞行中不时打个盹，或被推醒起来，吃有红鱼子酱的早餐，我的感觉不像是在作长途旅行，倒像是在去参加什么典礼。在伊尔库茨克（译注：伊尔库茨克，俄国一城市），在苏联与蒙古之间的边界上，那几个俄国人庆祝即将穿越的边界线，他们喝了好几回伏特加，我们也和另一架飞机上的西班牙和葡萄牙旅客碰杯。我们在乌兰巴托降落，在这大草原中闻着有种茴香子和干草的香味；我认出了牧人和马群，还有那些没有树林的大草原，这些我都在《亚洲风暴》中看到过。现在，我的鼻子贴在玻璃窗上，凝视着天空下这没有色彩的光秃秃的沙漠，我开始意识到要使自己相信，很快我就要到北京了；我想知道，在那里我会看到些什么呢？

古老的中国并不使我感兴趣。对我来说，中国是一部需要耐心才能读完的史诗，从《人的命运》的黑暗日子一直延续到1949年10月1日的天安门城楼上；中国，对我来说，是这次搅翻一切、可以理解的革命，不但使农民和工人不再受剥削，而且还收回了被外国人占领的所有土地。

取得这样辉煌业绩的时代，现在已经过去；中国6亿人口中有5亿在耕田种地，7 500万靠手工谋生。现在的问题是：在这样一个国家，如何实现工业化。

在我看来，这是绝好的机会，因为我能够看到——亲自看到——这种转型期的开始。我知道，这一切正在一个不同一般的社会和经济背景中进行着。中国在很大程度上依赖苏联的帮助，没有苏联的帮助，她将不可能创立重工业；然而，在更深层次上，中国不同于其他的人民专政。尽管是在共产党的指导上，她的革命也只成功了一半。资本主义、私有财产、利润、遗产仍然存在。它们将按计划分阶段地被消灭掉，但不会使用暴力。我以前就相信，中国不会像任何一个以资本主义为基础的国家；同样，我也怀疑，中国与那些已经取得社会主义的国家会有所不同。那么，她究竟像什么呢？我知道她很贫穷；但是，我是否应该像一再被告诫的那样，带齐所有的肥皂、牙膏、墨水、书写纸，多得仿佛是去做一次极地探险：中国有飞机——有许多吗？我可以希望，例如，得到西藏的什么东西吗？我读过的许多报道，与许多人交谈过，我了解到中国今天的生活是十分令人愉快的，那些觉得莫斯科严厉朴素的旅行者，无不赞美北京的可爱、广州的魅力；法国人、捷克人、阿根廷人，他们回忆起北京无不抱有一种怀旧的叹息。在这个国家里，政府的权力让许多美妙的梦想得以成真，政府为人民付学费，将军和政治家都是诗人。我在巴黎曾看过一次京剧，我现在想象着熠熠生辉的传统与生气勃勃的创新的一种现在的混合。“这片土地古老又而年轻。”——这个口号可以产生出其他发人深省的综合概括；我曾预想，中国是个有序而又令人激动的国家，很大一部分人很贫穷，尽管有非常艰巨的任务要完成，但中国享有某种其他东方国家不曾有也不曾知晓的自由。在中国，红色是喜庆的颜色；我的看法是玫瑰色。这片我即将要熟悉的土地，在我看来，与《逝去的地平线》中的香格里拉，与卡贝的艾卡瑞国一样不真实：在这里，一切相反的东西都在和谐地吟唱着。

六个星期之后，我再次穿过戈壁，从相反的方向。在耀目的太阳下，戈壁躺在那里，一片金黄；白雪皑皑的山顶在远处闪烁着光芒。中国已经改变了。黑色、灰色、玫瑰色，这些颜色都不再适合她了，没有一种象征色能贴切地代表她：中国已经变成了现实。那看似富裕的形象表现为一种贫穷：真实中国的远远超过了我以前用以想象和测量的想法和言词。中国不再是一种看法；它有血有肉。我将讲述它的具体化身。

如果乘飞机旅行，景物的出现是非常突兀和突然的。突然之间，云开雾散，地面变得鲜活了：中国就在我脚下。中国在眼前扩展延伸，平坦的大地被银色的河流所分割，紫红色、墨绿色、可可色，这里或那里孤独得像小岛一样的村落逐渐能看出形状，泥砌的土屋紧凑地组成在一起，方方正正，小小的院子让黑暗的屋子稍许有些光亮。多彩的地面，与西伯利亚的集体农庄的单调形成了鲜明的对比；很显然，这些中国的田地还没有被集体化，每一条缎带都是私人的土地。我过了一会儿才想通为什么这片土地如此荒凉，因为眼睛看不到一棵树，村头没有一棵树影；从飞机上看，这肥沃的平原就像荒地一样贫瘠。

"长城"，有人叫道。我仅能辨认出来。飞机一会儿倾斜着飞行，一会儿下降，一会儿绕着一个湖转；我看见一座高塔斜刺蓝天，然后是一座金色屋顶的亭子，这些建筑都是典型的中国的象征，我不免微微有点吃惊。有人指给我看，北京就在那儿；但是，我看到哪有什么城市，只有灰蒙蒙的一些树。我们降落了，那个南非人跃向门口，我也紧随其后；空姐拦住了我们；一个官员登上飞机检查我们的文件。第一个惊奇：这里不是艾卡瑞国，这是个真实的国家，在某些方面，它与所有其他的国家很相似。第二件令我吃惊的事："共产主义"中国，我以前这样想；但"共产主义"这一概念涵盖太广，也太抽象，把最基本的地理因素掩藏起来，没让我看到。步出机舱，我盯着这些黄皮肤黑头发穿着棉布衣服的人在机场上忙忙碌碌，我意识到我是在亚洲。穿着看起来非常严肃的小领头的衣服（这种式样的衣服是国民党自1911年以来采取的服装样式）的代表对我们说："中国人民急切地盼望着你们的到来。"我深深地吸了一口地面发出的植物的味道；那热乎乎的湿润的空气，那耀眼醒目的花床让我眼花缭乱；我没有预期到中国会给我这样一种印象，这样闷热的异国情调我只在关达梅拉、在非洲领略过，而我从来将这样一种风情与奴役和压迫联想在一起。

坐在一个大房间的长桌子一端，墙上挂着列宁、斯大林、布尔加宁、赫鲁晓夫的画像。在等我们行李的时候，我们在喝柠檬水，这是仅次于绿茶的中国人的饮料。然后，在一个年轻翻译蔡先生的陪同下，我们钻进了汽车。道路是黄色的，道路两旁种着许多庄稼，但我只认出了玉米；有些男人赤裸着上身，穿着蓝裤子在挖土；另一些则在敞开的木棚子里喝着茶，有些人肩挑扁担，迈着灵巧的步伐；他们戴着宽沿草帽，活生生一副中国苦力的典型形象，我忍不住要把他们当作演员，他们走下台来告知我们，我们现在是中国。我们确实在中国，这些固定的典型人物正属于当今的中国。人民共和国不是在某个晴朗的早晨从海水泡沫中冒出来的，它有过去，过去仍然存在。小推车、独轮车、人推的、驴拉的、自行车和为数不多的拖拉机，不同的时期一层层地摞在一起，而我在其中被窒息得喘不过气来。我远离巴黎，在远东的某处——但是，是哪儿呢？妇女剪着短发，或者如果是长发，是两条辫子，搭在脸两旁；与男人一样，她们也穿蓝裤子，相配的上衣或白衬衫。我们到达了一个十字路口，几棵树下停着三轮车，也就是当地的出租车：驾驶员懒洋洋地倚在车上，在那儿聊天、比划，有的则像意大利司机一样打着震天响的鼾声。“不久我们就会有小汽车，这样的人力车就会消失。”翻译说。我们经过建筑土地，楼正在往上盖，新房子也即将建成。我们穿过了一道高大的灰墙中的城门，发现自己置身于狭窄的街道，两旁是低矮的房屋，也是一样的灰色，只看到一堵堵挡住视线的影障；脚下是被踩得很板实的泥土。店铺和摊头的窗子上都糊着醒目的红色的中国字；红底上衬着的黑字即是标价的标签了。这一切看起来不错，但感受像是到了过分拥挤的农村，这可能就是中国的首都吗？蔡似乎是读出了我的内心活动：“不久”，他边说边做了个一扫而光的手势，“这区域就会被夷为平地，这需要制订计划。”“哦，是这样”，我对自己说，随即恢复了常态；这种对如画的乡村的鄙视，这种对未来的自信，使我相信我是在一个进步的国家。我们的车出现在一条宽阔的大街上，街中是无轨电车的车轨，街两旁是绿草；这就是北京的主动脉。交通主要是自行车流，与荷兰街道上的一样多；偶尔也能看到一些汽车。我看见一辆分共汽车，引擎盖上写着“Skoda”。警察站在黑白相间的有时有圈花装饰着的圆柱形岗台上，用喇叭指挥着交通；他们的上衣和裤子都是橙黄色的。他们的高筒靴，长手套和头盔是白色的。车开得很慢。蔡指着左边一面漆成朱红色的墙告诉我们：这是紫禁城的墙。一座穹形的亭子从墙中突伸到人行道旁：这曾经是进入紫禁城的大门。而它现在是进入新政府的入口。墙在成为平台处特别厚，这里是另一处穹形的亭子控制着另一个通道：我们在经过天安门门前。这些纪念碑也困扰着我；朱红色的柱廊，如号角般往上翘的屋顶装饰着镀着金色的瓦片，我知道这些都是地道的中国风格；但在我看来，它们似乎不能与整个城市成为一体。就像我在飞机上瞥见的佛塔和寺庙，它们仅仅是一些象征性的东西，向我宣布这是北京，而不是把北京呈现给我。

这个晚上，北京还未呈现给我；我们待在宾馆里。我从房间的窗子里凝视了一会儿夜幕下的街景。街灯映照出砖结构的房屋，既不丑陋，也不迷人，也谈不上别的什么。在广场的左边，没穿衬衫的男孩正在玩篮球；路的另一边，是一座灯火通明的体育馆，几百号人正在露天看台上观看一场篮球比赛。如果他们把那些狭小的灰色街道夷为平地，是不是整个北京都会像这条大道一样呢？应该站在哪儿才可以把北京一览无遗呢？在蔡用潇洒的手势一扫的过去与还看不到的未来之间，现在看起来不是那么有把握。不管怎么说，我已经明白这个国家不是一个政治实体或是一个可以分析的观点：它有自己的气候，自己的植被，自己的风俗；问题的关键在于，不要去解读统计数据，而应该是去读懂现实。

中国通们嘲笑那些他们所谓的“旅行者”，认为他们探索中国，却丝毫不具备关于中国过去的全面知识，也不懂中国的语言。反对共产党的人竭力使自己不相信那些目击者的叙述，认为他们的叙述无一例外的都是赞扬新政权。吉尔连（译注：罗伯特·吉尔连，Robert Guillain，《世界报》的特约通讯员和中国问题专家。作者在此以及下文提到了吉尔连在1954年至1955年冬天写出的一系列报道，先是见于《世界报》，后出版成书《穿红衣服的六亿中国人》，巴黎，1956年）认为，在现在这种状况，没有一个观察家能够把任何有意义的观察带回家，除非他是吉尔连。由于他是自己掏钱来到中国又返回法国，吉尔连进一步影射到，由中国政府出钱在中国待六个星期无异于是受雇用——这未免给他自己的诚实以及别人的诚实定价太低。如果我对中国怀有敌意，我就会拒绝中国的邀请；但是，我接受了邀请，我没有签订任何约定；中国是在冒险，而我从未觉得对她要履行什么义务，除了要公平地对待她。至于说到全面的背景知识，尤其是我对中国的无知这一障碍，我从未打算要去低估它；这些障碍确实限制了我的一些体验；但我绝不承认它们剥夺了我所体验到的所有价值。如果反对共产党的人事先就拒绝接受这一点，他们这样做的立论实在令人不解；他们认为，眼见不为实，眼睛看到的纯粹是海市蜃楼。马蒂内（译注：贾尔斯·马蒂内，Gilles Martinet，巴黎出版的一本评论时事政治的周刊《法国观察家》的编委）也是同样思维行事的人。他没有参加维也纳代表大会，但他宣称，要是萨特没有出席这次会议，他就能理解会上说的每一句话了。

旅行者最先受到吸引的中心，最初看到城市的地方，是他所待的宾馆。无论何地，莫不如此，只是中国尤甚。我住在北京饭店，大街对面就是过去的使馆区，离天安门也很近。北京饭店是

青年时代的萨特

一座十层楼的建筑，有一块草地将它与人行道分隔开来；它由两座楼组成：新的那座更加豪华，但我刚到时，它的正面还半掩在脚手架里。我的房间是在老的一座楼里，设备非常齐全：我一个人就有两张双人铜床，床上铺着粉红色的丝绣。我有一个带镜子的橱，一张书写用品一应俱全的桌子，一只梳妆台，一只沙发，几把扶手椅，一张咖啡几，两只床头柜，一台收音机；床边的地毯上，有一双拖鞋，香烟和水果每天都放在另一张桌子上。浴室里有香皂，我为自己的预先购买感到难为情，尤其是当我发现楼下大堂，虽灯光昏暗，却齐齐整整地摆放着圆桌和木椅子，有一个柜台可买到浴室里用的物品、书写纸、室内游戏、水果和便宜的饼干，在红红的有"北京—莫斯科"字样的盒子里，俄国的巧克力价格不菲；售货员小姐手指拨弄着算盘。在进门处有个问讯处，但是要从那儿得到信息却很困难，因为他们只讲汉语。在大堂的一侧有个宽敞的房间，地板锃亮发光，房间中央有架钢琴，每天早上都会有个中国小姑娘专心致志地练习巴赫的赋格曲。另一边通向新楼的大堂，新的大堂比老的大三倍，而且装潢得富丽堂皇：有镀着金色的柱子、瓷花瓶、地毯和色彩多样的天花板。一家商店专门卖版画、英文期刊、英文版的中国图书。再进去是一家邮局、一家美容沙龙，还有一间弹子房，另一间为赌博用。一个能容纳千人就餐的宴会厅占据了一楼的大部分空间；几乎每个晚上，人们用餐、跳舞或开会的声音都会传入我的房间。

我一日三餐都是在老楼的餐厅里吃。装修的人充分利用了这一局部的色彩；两排油漆过的柱子支撑着天花板；复制了些版画——云朵、湖水和高山装饰着四周的墙壁。这个餐厅是最富世界主义情调的。在高高挂着的北京灯笼下，世界各国的代表坐在一起，吃着一种国际风味的菜肴，喝着中国的柠檬水或啤酒。巴基斯坦和印度的妇女身上裹着漂亮的莎丽服，缅甸的小舞蹈家身穿用丝钩编成的背心，日本人穿着和服或西装：整个亚洲都在那儿，非洲、澳大利亚、欧洲和美洲也在一肘之遥。那侧坐着苏联工程师和他壮硕的妻子以及金发的女儿；这边坐着一个意大利妇女代表团，一组德国人，一个英国律师；那边坐着南斯拉夫大使及家人。你会听到人们在讲法语、英语、西班牙语或葡萄牙语；绕过几张桌子，你会发现一群捷克聋哑人在静静地、灵巧地比划着手势。

菜单是英语的，上菜非常快；年轻的女服务员身穿白外套，头扎蝴蝶结，上菜撤菜，一切都迅速发生在25分钟内。蔡告诉我，他和朋友在国外旅行时，最令他们火冒三丈的是吃一顿饭要耗时不少。我的房间也是一眨眼间就整理好了：我下楼去喝杯茶，回来时，发现一切都整理得井井有条。一天早上，我在走廊里突然发现没带包，回到房间里看到有四个人正在扫地、掸灰尘、整理床铺。但是，数字并不能作出全面的解释；我观察到，中国工人能不慌不忙，工作效率却很高。

如今，扩建后的北京饭店就像十字路口的时代广场，国际性的活动都在此进行，每年从4月到12月，高潮是10月初；不久前，现在的那座旧楼，曾是西方生活的中心。北京饭店原为法国人所建，后为日本人所有；那个开电梯的秃头老人稳稳地坐在他的位子上，任凭电梯的主人走马灯似地换。十层楼的沙龙，侧面是个很大的屋顶花园，沙龙是英法俱乐部的总部，白种人的达官贵人过去常到此跳舞饮酒，驱赶无聊；如果喝醉了，另一种消遣的方法就是到楼下，朝那可怜的警察身上撒尿。那警察穿着的制服补丁摞补丁，一点儿也不干净，他是那里唯一的中国人。那时候，这条大街只有现在的一半宽，因为另一边是马球场。马球场与四周用机枪架着的使馆区相邻。说到饭店前的那块空地，一位叫卡塞维尔的法国人在1934年用这样的词句来描述："在这气派非凡的建筑脚底下，垃圾遍地，肮脏的乞丐和苦力们挤在一堆，苦力们的人力车排成队好似要接受检阅，他们在那吐痰，抓虱子，骂骂咧咧。”

现在，那块空地是停车场了。北京没有出租车，私家车也没有；所有停放在此的车辆都属于政府部门。有俄国的Pobiedas，捷克的Skodas，还有些英国车——中国从英国买车——还有一队很时髦的美国车，这是蒋介石政府的遗产。司机们都起得很早，用鸡毛掸子，把那锃亮的车子的里里外外的灰尘都掸掉。

每天我们都外出两三次，而其中的一位司机必定给我们开车。蔡陪同我们。他30岁，戴着眼镜，看起来很年轻，很讨人喜欢，但他很拘谨，每天上午9点和下午2点，他都会从大堂准时打电话上来说："我准备好了。"根据上面的安排，他带我们去看寺庙，游宫殿，逛公园，或是去参观手工合作社、大学和医院。下午5点，我们就自由活动了。但如果晚上要观看演出，则必须在6点半用晚餐，因为在中国戏是7点半开幕。晚上11点时，街上已行人稀少，万巷人空，北京进入梦乡了。

这种安排的不利之处显而易见。但我想马上陈述的是，尽管法诺和吉尔连们作出这样或那样的断言，在中国，翻译绝不是密探。吉尔连忽略了一点，他没有指出，中国方面曾建议他带自己的翻译。蔡陪同我，那是因为没有他，我是个聋子、哑巴，完全不知所云：他对我是非常必要的。但是，他并没有接到指令在我周围竖一堵篱笆，或是过滤人们与我的谈话。我的行动自由从未受到过阻拦。我随时都可以信马由缰地散步，多少次都无所谓。在北京，我们经常在没有中国人陪同的情况下外出。与我们同行的是一位法国记者L，他会讲中国话。在上海，我们表示希望见见一些法国人，他们对政权的仇视是出了名的，我们的愿望马上得到了满足。由于我们不懂中文，这使得我们无法与街上的行人交谈。L已在北京住了很长时间，每次外出收集素材，他高兴在哪个村子停下来就在哪个村子停下来，与农民们自由地交谈；政府对此也无任何不悦。一位1953年离开北京的汉学家1955年又回来停留了几天，他告诉我说，与当时是他们顾客的店主们交谈，他没有任何的怪怪的感觉。然而，吉尔连也许会这样弄清事实，我们应该与懂英语或法语的中国人私下单独交谈。如果我们的参观访问要事先作安排，这一点并不瞒着我们；我们被告知，每次都要让我们看到一些新的发展或特别重要的成就，我们会一时高兴，走进人家的房子。在上海、广州和其他一些地方，用不着提出要求，我们也会被领去参观那些拥挤和贫穷的地方，而这些对资产阶级国家而言，都是德国人贝的克所发行的旅行指南缄口不提的。不，他们没有把中国藏在身后，他们没有在几百个农舍上涂上色彩鲜艳的油漆，也没有给上千里的乡野披上伪装网；他们让我们看到了中国。

至于他们采用的方法，我学会了耐心容忍其中的缺陷。大约有1 500名我们这样的代表在中国的东西南北游逛，几乎所有的人都会在北京待上一段时间；对我们大家来说，他们让我们看到一样的历史遗迹，一样的新取得的成就，这是很正常的。为了不致使我们大家一窝蜂地拥到工厂或戏院，负责人必须制定出类似规划列车运行一样复杂的计划。而要求在这样一个“项目”中不能出任何差错，这未免太过分了。有几次把我们搞得精疲力尽的访问，我记得那次到官厅水库时我是多么的恼火。从早上8点到中午，火车一直在隧道中穿行。这是一条新建的铁路线，1955年7月才开通。中国人对此很感到自豪，因为火车要钻75次隧道，对于控制住了淮河水位猛涨的水库和大坝，他们也十分骄傲。但是，当我与一个丹麦代表团在一个小棚子里嚼着三明治时，我在想着这4小时的黑暗和扑面而来的煤灰，我不禁问自己，他们为什么把我送到这里来。我尽可以从照片和杂志上得到我所想要的东西。我后来明白，他们这样的固执，是想让我明白：我所看到的公共设施、医院、工厂、实验室对我并非不同寻常，不同寻常的是中国也存在这些事物。西方人和日本人都曾断言：如果只靠自己，中国人只能种高粱。现在，他们的断言都失败了：每条炸出的隧道，每台生产出来的机器都是对那种挑衅的有力回击。中国人并不熟悉他们的劳动成果，而在欧洲，我们把发电厂和高速公路视之为理所当然；除了实际用途外，电话就像铁路一样，代表着对过去的胜利，代表着向新的未来又迈进了一步，他们希望参观者能见证这种征服，这就是为什么他必须肯定这种征服，亲临现场去证实，如果他仅仅依赖一些照片，相信报道中的所言，一旦他回国，若有多疑的询问者会怀疑他是受了宣传的欺骗；因此，他必须能够说：这些事是我亲眼所见。

第一个星期天早上，我们倒没有什么安排，但那该死的雨就是不停；街上几无行人。交警的橙黄色的制服也藏在宽大的雨衣下，黄包车夫也消失在黄雨衣下，三三两两的行人躲在宽大的红油纸雨伞下，闻着有股鱼胶味。两个年轻人手里提着帆布鞋赤着脚从水里淌过。我焦躁不安，无所事事，被困在这像谜一样的都城里。我觉得似乎自己不能在这无缝的表面上抓住点什么，官方的乐观主义已把它刨得光洁平滑。直到现在，我们与中国人都还没有实际的接触。蔡法语讲得很好；但是，他平日的工作是与体育协会打交道，对于这个新的角色他显得十分审慎，尽量不多说。一位“文化关系”方面的官员同我们一起喝过茉莉花茶：我们的讨论没有超出日程所安排的东西。与作家们吃的一顿晚餐收获甚小：他们对我们一无所知，我们对他们所知一无；主要谈论的话题是中国的烹饪。事情会好转起来吗？什么时候呢？在猜想之际，我打开了收音机。我调了香港、东京、莫斯科，先是收听到一种中国的歌剧，然后是美国爵士乐，那个烦人的早上我听到伊夫·蒙当（译注：Yves Montand，1921—1991，法国演员，歌手）演唱普雷韦尔（译注：Jacques Prévert，1900—1977，法国诗人，歌词作者）的《落叶》。我就是在那时作出重大发现的。前一天，作家协会给我送来了各种翻译成英语的书籍，有书，有小册子，有杂志。多亏中国想在亚洲树立声望，许多汉语书都翻译成英语，某些评论也直接用英文出版，因为印度、巴基斯坦、缅甸、日本，甚至印度尼西亚都讲英语。每天，我都会发现一份简报《新消息》放在我的桌子上，简短地总结前一天的报章要闻。跟着代表团的来来去去，不可能不注意到它。随手翻着这一大堆东西，我突然意识到这会对我有很大的帮助。《中国画报》是份很天真的宣传刊物。《中国建设》尽管口吻故作热情，其信息更丰实翔实。我读了李富春的“五年计划报告”；文中大胆尖刻地指出要克服的障碍，改正已犯下的错误，落后、差距和不足之处都一一强调，这种坦直是在任何一个国家都不可能碰到的。讲话、董事们的报告，以及《人民日报》上的文章都是一样的朴实：不，中国工厂生产的产品并非全都是高质量的，不是每个学生在四年之后都成为一流的工程师；“封建”思想仍然徘徊在许多乡村地区；社会主义建设不是儿戏；过去的惰性是非常可怕的，未来免不了有风险。中国又变得真实了。

由现任文化部长茅盾主编的《中国文学》，是一份评论中国当代和过去创作的季刊，也刊登有关文学运动中一些问题的文章和年代记录。许多当代作品都得到了全文翻译。仔细关注社会主义现实主义的原则，小说、传说和故事给我的印象是，即使谈不上艺术创作，至少也是非常有意思的档案材料的记录。在这些创作没有掩饰或忽视那个时期的矛盾和冲突；相反，它们调和以求中心主题。我在这里同样发现了栩栩如生的中国，在这以后，

萨特和波伏娃在巴黎拉斯巴耶大道的寓所中

我把自己参观过的任何地方，都视作我在这本书中学到的广博的事实的个别的解释说明。

你也许会说，我去北京还有什么意义呢。不是那么回事。活生生的例子给了一本书事实，并决定其震撼力，但震撼力同样取决于我阅读时的背景。如果我没有亲眼见过中国的乡村和农民的话，那么丁玲和周立波的小说对我而言关于土地改革的事情方面意义并不十分重大。此外，我前面所描述的情形已经有所改观。我们有了空闲时间，太阳也出来了。从那时起，我们每天独自逛北京的大街。北京人都非常谨慎，只管自己的事。如果是在离市中心远的地方，不时有人向我们投来好奇的一瞥，他们绝没有傻呆呆地看着我们；他们只是很快地瞅一眼，然后很有礼貌地看别的方向。偶尔有一两次，小孩尾随着我们，但大人会阻止他们。我想我们经常被当作俄国人。不管怎么说，中国人知道他们现在在街头上看到的外国人都是"好"的外国人，是中国人民的朋友。他们对我们的兴趣是友善的。

我们回宾馆时通常都是钻进黄包车里，由于担心自己发音不准，我们随身带着一个小本子，封面上是宾馆的照片。开始时，我们不会问两个车夫车资多少，我们猜想是一元，于是我递给了他们；他们摇摇头：一块钱太多了。然而，我在手掌心中放了些钱，让他们去挑，车夫想了一会儿，算了算，拿走了部分钱，这种精确性让我很敬佩北京人的诚实，我随后的经历也证实了这一点。

我们也有了些熟人。与人的交谈增多了，谈话也有趣多了，我会在以后讲述我的各种遭遇的。现在我暂时只想告诉大家我是通过何种媒介接触到中国的。

那就是蔡。他渐渐变得热情开放起来。那开始于一天早上，在我们去工艺学院的路上，蔡对我们讲起了他自己的事。这所学校在战前是北京的主要大学之一，他就是在这里完成最后的学业的。蔡来自上海地区一个普通的农民家庭，他通过了两个考试，一个能让他进家乡的一所大学，另一个考试能让他念北京的这一所，他选择了后者。毕业以后，他成了体育系统的一名翻译。一年前，他与队员们在巴黎待了10天。那天，他就告诉了我们这些；但是，后来当我们走出位于北海公园中的一所幼儿园时，他突然脱口而出："等我有了孩子，我会让他们来这里。""你结婚了吗？"我问他，他一本正经地说结了。过了一会，他从口袋里掏出一张照片："这是我妻子。"她那时在南京学习医学，他们只有在假期时才相聚，但一旦她拿到学位，她就会在北京找到份工作。蔡后来告诉了我一大通关于他的预算和怎样生活的细节；他的话、他的反应让我得到一幅当今中国年轻城市居民的图画。

从沈阳到广州，陪同我们的是小说家陈女士。她和我同龄，年轻时在法国生活了15年，对法国文学极为熟稔。在上床睡觉之前，我们在卧铺车厢谈了很长时间，彼此变得非常接近。在我看来，她代表了典型的中国知识分子和她那一代妇女。她非常聪睿，极有教养，是个出色的观察者，她给我提供了各方面的非常宝贵的信息。她嘴里没有一句废话和宣传。对于政权所带来的种种好处，她坚信不疑，对于政权需要做的事，她也没有必要对自己或他人撒谎。她有独立见解，口无遮拦，喜欢笑，然而更喜欢说，她不知道自我检查，机智，平静。她的坦率在很大程度上补救了我打过交道的那些干部们的刻板和不通融。

我提到过的新闻记者L对中国十分了解，他对中国的态度是既同情又批评。他带领我们参观了北京的许多方面，给我们提供了许多有趣的信息。值得一提的是，我们花了大量的时间与艾黎（译注：路易·艾黎，Rewi Alley，1897—1987，新西兰著名记者，著名国际友人，曾在中国居住多年）交谈。他是北京最独特而有趣的人之一。在美国，他可以算得上是个人物：每个旅行者都会告诉你一些关于他的事，我也不例外。“那家伙中国的事无所不知，比中国人知道的还多”，一位阿根廷朋友在赫尔辛基这样告诉我。“认识认识他。”我一到北京就开始办这事，打听他的行踪，有人告诉我他也住在北京饭店。“他来了”——从广场上走过一个很壮实的人，他的白头发很厚，他的两腿——他穿着短裤，这在北京不多见——结实，肌肉发达。再走近一点，就看见他吃苦耐劳的乡下人的外表，他的大鼻子，最关键的是他的蓝眼睛和他的微笑。他是个新西兰人，我发现他的英语并不那么好懂，但他很愿意被人理解，而事实的确如此。他已经在中国住了30年。第一次世界大战期间，他在法国与英军一起作战。1927年，他来到上海，被任命为上海公共租界工部局消防处防火督察。这段经历使他确信，中国的唯一出路是赢得经济的独立。1938年，为还击日本人的封锁，他想出一个计划，解散中国的工业，在内地成立生产合作社。几十年前，一个名叫裴义理（译注：裴义理，Joseph Bailie，生年不详，卒于1935年，美国北长老会教士，1890年来华，金陵大学农学院创始人）的传教士——一个怪异的人，认为基督徒最重要的职责是使人类同胞们不挨饿——在上海为年轻学徒们开起了一所工业技术学校。他的努力不见任何收效，再加上中国人的贫困和普遍腐败，他于1935年自杀了。但是，他所训练的学生接受了艾黎的观点。1938年7月，艾黎成了CIC——中国工业合作协会——工合运动的总技术顾问。那时CIC既没有技术也没有人员。1940年10月，“工合”已有2 300个工厂，分散在16个省区，远及蒙古，30万人积极从事于这一运动。艾黎另外还在游击区组织起了许多中心，范围一直扩展到甘肃。他特别关心他在山丹——西北一个偏远山村创立的合作社，他还试图让西藏的一个活佛负责纺织合作社。重庆政府对这一运动持悲观看法，其时这一运动正在积极地建立起一种新的、受欢迎的经济模式。但是，由于当时的形势——战争，游击战——重庆无法靠近插手，工合得以保持其独立性。解放后，新西兰选派艾黎作为代表，加入筹备太平洋和平会议的委员会，于是他就在北京安顿下来。他的房间里都是些古老的书、印刷品、宝贝的东西，他对中国过去的兴趣就像他对中国现在的参与一样，都是非常的投入。他用英语改写了许多古代的诗歌，他在两本书中叙述了自己的经历：《有办法！》和《人民有力量》。

我认识了北京大学的一对夫妇：罗大冈和他的妻子。他们曾在巴黎住过很长一段时间，说得一口令人钦佩的法语。妻子是法语教授，丈夫是搞与法国有关的"文学研究"，工作是根据马克思主义的观点和要求给外国文学评定和分类。他们收到大量的法国评论书刊，《摩登时代》是其中之一，他们不仅熟悉在法国出版的重要作品，而且还十分了解最新的最好的词典。罗大冈把许多法文作品翻译成中文，在把中国古代的诗歌和传说翻译成法文方面也取得了不俗的成绩。与罗大冈夫妇的谈话非常自然、愉快，而且对我很有帮助。

有导游陪同的旅行，无人引领的散步、讲座、讨论、各种会议、会面，相互补充、相互剔除，最后我得到了丰富的资料。我认为这还不够，回到巴黎后，我又咨询了许多专家，看了许多书。为了听取"辩论另一方"是怎么说的，我仔细查阅了许多反对中国的读物（原注：来源只有一个：香港。居住在那块飞地的中国人收到大陆印刷出版的各种报纸杂志，能收听北京广播；新闻和谣言渗透穿过边界。香港是翻译、剪辑、变形或捏造的总部，专门出口给台湾、美国和戴维·鲁赛特）：我可以断言，除了那些恶意的言辞和攻击之外，我能找到的是中国人未能提供给我的信息。从方法的角度来看，这种完全一致令我十分满意。这本书会受到指责地方是，也许到明天它就过时了。这是很真实的。但是，中国正在创造的历史是如此令人激动，它的每一个阶段都值得记录。

我愿意谈一谈这个转型的时期。现在正发生的一切是从民主革命过渡到社会主义革命。在中国，这种转型的方式非常独特，适合于中国独特的形势。

中国直到1949年还是个仅次于印度尼西亚的最穷的国家。1939年人年均收入，按美元计算，美国是554，法国是283，印度是34，中国是29。联合国1949年的一份报告表明，在每人每天消耗的能源方面，数据统计也显示了同样的关系：美国，37.6马力；中国，0.5马力。在每一千平方英里的土地上，美国有80英里的铁路；中国有3英里。美国每一千居民中有汽车250辆，中国只有0.2辆，电不到世界的百分之三。1948—1949年，法国人的食品消耗是普通中国人的5倍，中国人的饮食中蛋白质含量极低。人均预期寿命，美国是64岁，英国是62岁，中国只有25岁。

“我们不是表演奇迹”， 所有的中国领导人都这样说。他们花了5年时间重建国家，电厂、火车、卡车和机器都不是从别的什么地方冒出来的。抓住来访者眼睛的第一个显著的事实是：中国今天仍然很贫穷。在北京的城门边，他们正在竭尽全力地搞建设：建住房，建学校，建医院和办公室——没有大吊车，没有汽锤，没有翻斗车（或倾卸卡车）——没有一台机器。只有几辆装着橡胶轮胎的推车，这较之以前用的用铁皮滚个边的车轮算是进步了。这些推车每次能运一吨左右，但大多数建筑材料是靠人背肩挑。地面是靠泥水匠拉着拴在石碾的绳子抹平的，五六个汉子提着中间用绳子拴着的石担抛向空中又夯下来。他正是用这些有四千年悠久历史的技术建设着新北京。他们用同样的方法建造大坝、铁路和在汉口横跨长江的壮观的大桥。到北京几天后，我在街上碰到那个南非人，他没有再带着那把小斧头，但他脸上的表情却比以前更惊讶："噢，我的上帝，这里的一切都在消失！"他说："我从未想到过他们会那样努力地工作。"

在潜在能源上，中国是个很富有的国家：她有丰实的未开发的自然资源。她百分之八十五的土地未耕种，其中包括面积有三个法国那么大的富饶的新疆；中国的土壤下面蕴藏着大量的石油、煤和铁矿石。但是，广阔的处女地不只靠锄头和铲子，鹤嘴锄是不能挖出矿物的。等到有一天，拖拉机使大规模耕作成为可能，铁路能直达矿山，中国有了必需的设备和力量，她将会有巨大的机会。她的财宝暂时还得深埋在地下。多亏了苏联的帮助，还有日本留在满洲的装置，多亏了经济计划以及过去5年里的努力，她开始迈向富裕；东北的工厂意味着工业化的开始；但是，在机器生产出来之前，充足数量的电厂建成之前，中国的重工业仍将处于不产出阶段：目前，国家所投的资金还不能获利。

在中国的资源中，不能忽视的是她的人口：这代表着庞大的劳动力。尽管机械设备不足，在北京郊区的建设还是以很快的速度进行着。街道整条地用竹子脚手架和安全网围着。工人的人数弥补了没有机械设备这一不足。劳动者的工作节拍不是那么的激昂，确切地说，还有点冷漠，但是所有的人都参与到了建设家园中。事实上，人力还过剩，今天的中国在经历中半失业状态。为了避免让一些人员闲散乱逛，政府和企业雇用了超过实际所需的人手，这在北京饭店是十分明显的。许多工厂里的工人在为一些小事在瞎忙活，甚至是无事可忙。在一些私人店铺，工作都由家庭成员分担，而一个人就可以做许多或全部的活，买东西的人不用排队等候，卖东西的人则在等候顾客上门。简言之。这些过剩的人口生产率低下，但却得喂饱他们的肚子。等到这个正在形成的制度走上正轨，最终阔步向前，就能达到平衡。如果拖拉机、肥料和新的耕作方法使农业获得了丰收，将会有更多的工人和农民吃得更好；出口将有助于新的投资，工业生产将加快步伐；经济将会像滚雪球一样得到发展；在第三个和第六个五年计划结束期间，中国将会取得很大的进步，因此，在20世纪末，她将会发现自己可以与最发达的国家匹敌——至少这是中国的领导人所预期的。

中国在任何领域的政治和经济策略都被这样的急需所主宰：消灭差距。这就是说，必须实现这样的壮举：中国必须自力更生，从贫穷走向富裕。其他任何国家想搞社会主义建设，都不得不从经济匮乏的困境中起步；尽管如此，一些业已建成的企业被证明为是不明智的，耗资甚多。相反，中国已经意识到，进行整个事业，首先需要的是审慎；危机和萧条也许会导致大崩溃。开始时要注意的事情是要考虑周到，情形不能变得更坏；要小心不要浪费，鸡蛋不全都放在一个篮子里。“让我们踩着昨天的垫脚石走向明天”——这个口号的运用远远超出了文学范畴，这表明了全盘的总的需求。在一夜间消除国家旧的经济和社会结构，是毁坏它而不是改变它的最有把握的方法。因此，每向前迈进一步都是谨慎的，一次慢慢地砌上一块砖头；基础还是停留在过去；没有回旋余地，过去得到了巩固；如有可能，将它抑制住，但它永远也不会被轻蔑地撵走——目标实现的那天就是过去悄无声息死亡的那一天。即使是保存过去，目标也是要使其最终消失。这是中国的现实，我前面提到过，中国今天所发生的一切都有临时性：新中国在任何意义上都处于过渡阶段。

其结果是——这一点我到中国的那一天一无所知——中国不可能马上取得某种位置。它在移动，在飞逝。抽象的哲学定义在这里表现为最具体的事实：现在只不过是一种演化，是在变。观光者是不会为这种眼前景象而快乐的；他只记住他所看到既是过去的遗留也是出生的阵痛，他知道在它处于阶段时要得出结论，确定其位置并使其不动，无异于抹杀它的特点。在中国静止的过去与今天严格的计划之间，没有缝隙可插进刀片，也没有做梦的空间。这就是我为什么很快意识到，一篇用平常字眼的关于中国的报告是没多大用处的。记者们挖掘一个固定不动的现在，那些例子都是些互惠的答案；那些记者想通过一些偶然的各有含义的事实，看到一棵树木就想得到关于森林的整幅照片。在中国，任何事都不是偶然的，所有的树都是些树苗，每件事不是从与其他事物的关系中形成自己含义，而是从与其他事物共有的将来中定义自身。森林正在形成；这就是为什么描述这个国家是无用的——它需要阐释。

二 文 化

1942年，革命斗争正处于鼎盛时期，毛泽东在延安文艺座谈会上宣布，目前总的文化任务是普及和提高文化，并正确处理两者之间的关系，对于人民群众来说，普及文化是主要的，但这也不能与提高文化层次相脱离。普及文化成为1949年的一道命令。今天知识分子冲锋在前，新中国最显著的特点之一就是发展国家的知识文化。

政治和文化在中国从来都是密不可分的；自汉武帝统治时起，皇帝就倚重文人学士，饱览经书是为官的先决条件。许多资产阶级改革家和革命者的主要目标之一，就是争夺官员们所控制的文化；知识分子总是站在运动的最前列，资产阶级革命总是不温不火，直至中华民国的到来这一状态才得以改变。然而，参照历史并不能完全解释这个正在形成的、破旧立新的新社会；毫无疑问，过去影响着现在领袖们的计划，影响着丰富文明的继承者，他们所展望的中国未来不仅仅是即将到来的物质繁荣；他们希望她不仅在经济层面上与西方匹敌，在文化和艺术领域也应该是西方的对手。但是，这又是一个立足于长远的雄心，并没有说明这个政权所面临的各种文化问题的广度和紧迫性。人们只在现在的形势下理解这些问题及其解决方法：人是经济和社会变革的目的和途径，而文化则是人对自己和对自己所在世界的表述。在表达人性方面，文化必须有益于改善人的命运。技术革命尚未完成，文化在今天是实现进步的工具，而进步在明天就会日臻完美。

今天，正如1942年，首要的任务是传播文化。一个刻意提倡蒙昧主义的政权，佛朗哥的政权、萨拉查的政权，会表现出与自己的首要任务相碰撞，让普通民众接触到真理不啻请他们造反。中国政府意识到自己为整个国家服务的责任，认为真理是其最牢靠的盟友，不遗余力地宣传文化有其双重性：消极的和积极的。应该破除迷信，普及教育。

“破除迷信”是正式写入政府计划中的座右铭。然而，宪法中却有一款“宗教自由”。由于中国古代的宗教有迷信的色彩，

萨特在 1952 年世界和平大会上发言

这个摆在领导人面前的问题就显得十分复杂了。为准确地理解这个事实，判断为此采取的解决方法是否得当，我们必须先了解中国的宗教是怎么回事。

自古以来，中国人都一直过着一种耕作生活，她最初的宗教即是农民的宗教：中国农民生活中最重要的两种关系就是他与土地的关系和他与家庭的关系，这两者分别表达为万物有灵和崇拜灶王爷。巫师术士充当着人与被看不见的鬼怪统治着的自然之间的媒介；预言未来是僧侣们的职责。儒家最有名的《易经》就是一本占卜手册。主要问卦于下面两种以求神谕：龟甲和蓍草。占卜者将滚烫的铁块烙在龟甲上，最好是腹部一侧；那儿就会形成某种纹理，仔细研解这些图案便可得知神谕；这种做法也可用牛的肩胛骨来替代。至于蓍草，它的杆被分成很细的长条，投入一盆水中研究其分布情况。对两者的解释是根据细致的数学口诀，以及各种六边形所表示出来的数字。

各种仪式、禁忌和神奇的求神问卜，构成了宗教，但独占鳌头的是宇宙学。根据四季的节奏变换生活，完全听命于上天的法律和性子，中国农民把宇宙想象成五行的相互作用，尤其是那相反又互补的阴阳。“阳”对应是山能晒到太阳的阳面，“阴”则是陷入阴影中的一面；而永恒的、次序不变的轮回则是“道”，“道”浓缩了这世上最深奥、最永恒的统一。

公元前5世纪，中国文化繁荣，但宗教并未因此而繁盛。朝廷里的官员是为有钱有势的人管理国家的，他们只操心一件事：谋求保证社会稳定；巩固家庭结构，让其慑于祖宗的权威，以崇拜家神为幌子，建立起来的秩序或远或近即是人们的宗教。在远古时代，广大民众还得以参与贵族们的庆典仪式；但现在他们被排斥在祭祀活动之外，只有皇帝才有权祭拜上天的神。

累加在农民身上的种种社会责任，并不能满足他们的渴望。在希腊和罗马，城市居民们期望做些神秘的事来弥补对官员顶礼膜拜的无人情味和冷淡；同样，在中国，人们从异端的教条中寻求拯救自己的希望：道教和佛教。

在中国人的思想奠定之时，道教的祖师们就详述了一种与孔子截然不同的智慧：在一种神秘的退隐中寻求拯救。但农民们接受的并不是这个侧面。他们在宗教中所寻求的是与自然的成功相处和对死亡的逃避；因此，他们在自己的黄教中吸收了一些道家主题。得救，对他们而言，不是放弃自我，而是自己能幸存。他们根本不去想象存在着一个非物质的世界，他们只是努力找寻能使自己的肉体永远不朽。不受自然运作牵制的道教，声称能影响自然中发生的事。道家的神秘性沦为巫术；搜寻有灵性的石头，配制长生不老的药方，推荐膳食谱、炼金配方，以及呼吸的程式。万物有灵，道教笼络了各地方各家各户的大小神仙，给他们排座次，在凡人的政府上强加了各种神仙官，这些神仙官僚对生者进行摄政，照顾死者的灵魂；为了得到他们的好感，人们供奉牺牲，举行各种仪式。在佛教的影响下，在汉朝时（约公元175—179年），忠实的道教徒开始走到社会活动中去，在公众场合举行各种仪式。教士分为两类：俗家弟子则可以结婚成家，行巫术魔法：那些特别有才能的、能赤脚信步走过火炭和尖刀，用针刺过自己的脸颊，驱赶出没于屋宅的鬼怪，治愈病者，求风求雨。他们多亏了一位教皇式的人物：他是张姓人氏，因为无数不同寻常的事迹而名声远扬。一位术士，自称是来自张氏家族，20世纪初时还生活在康熙的皇宫中。在接见来访者时，他总骄傲地让大家看一排长长的大缸子，里面装满了他所降服的妖魔；他还有一把宝剑，能将胆敢来冒犯的妖魔结果在几千里以外。其他的术士不知如何对付狐狸附身。一个大烟鬼可以出点钱，给学习占卜的人颁发开业执照，但对于道士他却没有这种权威，也根本没有存在过类似道观的东西。大多数术士根本没有特许证：任何人，包括巫婆，都可自顾装起神弄起鬼来。占卜和魔术总是与那些秘密的活动分不开：巫师的住所总是鸦片缭绕，他偶尔也客串媒婆一角，也为其他一些不怎么重要的事牵线搭桥。

然而，由于道教诞生于一个压迫社会的边缘，是对奴役的一种反抗，道教对农民的革命倾向有种催化作用。巫师确实剥削了广大的乡村民众，但他们都是穷巫师；也有些巫师与老百姓站在一起：张天师一家就曾给穷人分发过谷物，还养护过道路和桥梁。在危机时刻，农民们的希望和恐惧都体现在他们的宗教首领上。正是张姓人领导了大规模的“黄巾军大起义”。绝大多数的农民暴动都是道教徒组织的。他们还引导了义和拳运动。解放前，有数不清的有着流氓无产者特点的秘密宗教社团存在：破产的农民，失业的工匠。这些社团的分支触及大众的各个层面，时常武装起来，对抗官家，袭击地主，但这些行动大多是无政府的。毛泽东在1946年3月指出，这些人天不怕地不怕，他们的倾向是破坏性的。在苏区，反革命分子经常操纵这些秘密社团来对抗革命。

佛教在中国的演变与道教相仿。佛教与老子的教条有近似之处。这两种教导都认为世界是幻觉的一层薄纱，世界的无限和世界的完整等于绝对的空虚，只有放弃个人生活才能实现；人最终获得的伦理道德是一种逃避社会的清静无为。但是，道家的信仰却与老子所宣扬的相抵触，尽管道家自称源于老子；它主张自我寻找，它是实利的和迷信的。最纯粹的佛教是道教的对立面；它教导人们放弃中国农民觊觎的一切世间尘事：子孙满堂，长生不老。佛教在传入中国的过程中，也伴随着许多误解。

我们并不十分确知佛教传入的历史情况。据传说，公元64年东汉明帝刘庄做了个梦，梦见一个金光闪闪的人：解梦的人告诉他这是如来佛，西方的神。在皇帝的邀请下，两名传教的人赶紧奔赴上路，3年后到达京城洛阳，他们骑着白马，后来造起来的第一座佛教寺庙就据此取名为“白马寺”。这个传说，也很可能是因为有了白马寺，再随后传开来的。更可靠的说法是，早期的传教者是跟随着收购波斯地毯和羊毛毯的商人，经由丝绸之路而到达中国的。有一点是可以肯定的：公元65年时，洛阳已有了佛教信众，在此后的一百年里，洛阳城建起了一座寺庙。

这种崇拜与他们自己的崇拜非常相似，中国人对这种表面上的类似感到印象深刻：都不需要供奉牺牲。对那些最忠诚的人来说，两者都有极力推荐沉思冥想，呼吸吐纳，以及某些禁食。人们想当然地认为：西方的人都熟稔于这种秘不可宣的方法以求永生，于是每个人都急于尝试这个系统。

由于是道教徒把佛教经文翻译揭示给中国人的，因而毫无疑问加深了误解。公元148年，中国来了一位传教士安世高，公认是安息国太子；不久，其他人又陆续到来；为了让这本圣书为中国人所知，他们得寻求当地编辑的帮助；由于被上面我提到的相似性所吸引，道家主动施以援手，但在局部处理时，通过他们所作诠释和所选择的词汇，他们在一定程度上曲解了佛教，他们的翻译在很长的一段时间里被认为是对他们自己信仰的变通。传说中老子是骑着一头牛到西方去宣扬他的教条，因此，人们认为他的教义又被曲解地带回来了。后来，中国的朝圣者一心想得到真经，远涉印度带回了经书，5世纪时专门成立了一个翻译部门，翻译工作一直持续到7世纪时方告结果。至此，中国的佛教才算诞生。

正是通过大乘这个版本，佛教才渗透进中国。这是大乘教派，它已经传遍了整个中亚细亚，它的教诲比小乘教派的更易于为人们所接受，而根据小乘教派，你必须经过无数的磨难和化身才能得到拯救，换句话说，涅槃在于放弃个性和完全迷失，大乘教派则许诺信仰长生不老。人死后灵魂会下到地狱，由此就衍生了一个阿弥陀佛掌管着的极乐世界；这方“净土”在世界的西方，四季如春，花开不败；在那里，肉体会复活，从铺满池塘的莲花上起身；此时，肉身不再是实在的，而是轻灵的；够吃够穿是他们仅有的欲望。事实上，这种来世不是理论上的永恒，但在实际信仰中，那些忠诚的人认为确实如此。沉思冥想菩萨、圣人和先哲们，为人们进入极乐世界打开了方便之门，这些不朽的人物不是直接进入那种状态，而是选择再生，混入凡间，指引拯救的道路。最著名的拯救者是救苦救难的观世音菩萨，以及法力无边的阿弥陀佛。阿弥陀佛是观世音菩萨的父亲，他经常隐身于他儿子的头发里。8世纪时，中国出现了沉思打坐的“禅宗”，与阿弥陀佛一样，它宣扬一种清静无为，相信佛的善，顺从他的意志。

佛教的和尚一刻不停地去乡间传播他们的教条；他们编撰不同版本的经文，用通俗易懂的散文和韵文记录下来，即“变文”。但是，当佛教有了独一无二的教义，有了僧侣、寺庙、教规和仪式之后，自8世纪时起佛教遭到残酷的迫害，12 000个和尚和尼姑被赶出寺庙。9世纪时又有了一次大迫害，迫使26 000个和尚和尼姑还俗，4 600座寺庙和佛塔被迫关闭。接着到了10世纪，佛教被查禁，3 000座寺庙被命关闭。到了异族统治的朝代佛教才得以恢复往日的地位。蒙古人信奉的黄教是折中一切，无所不包的：他们惧怕所有神仙鬼怪，因而他们尊重一切宗教。1267年，忽必烈邀请西藏的僧侣八思巴喇嘛进宫；13世纪时，我们看到佛教以西藏喇嘛教的形式重新出现。忽必烈的继任者承继了他的这种做法，喇嘛教在帝国得到了实际的发展。后来，满族当政，出于政治的原因，他们也与喇嘛交好。18世纪时，乾隆皇帝在北京城赐地一块，让他们建寺，这座寺庙也常称作“喇嘛庙”。

喇嘛教实际上是从印度引进的大乘佛教和古老的西藏宗教苯教的合成。后者是黄教的异化，在许多方面与道教非常相似，这一特点也许影响了它的发展。喇嘛教得到受道家传统熏陶的人们的友善欢迎，这不足为怪，因为喇嘛教也包含着道教的传统。

总的说来，佛教正是由于降低自己的地位才得以幸存的；同道教一样，农村对鬼神的崇拜污染了佛教。观音菩萨变成了女观世音，成为全中国最受欢迎的女神；她不仅能拯救灵魂，人们还可以向她求子求孙。因此，互相矛盾的是，当佛陀宣扬放弃此生时，在中国他却担当起保佑家庭香火不断的角色。禁欲的和神秘的印度教被转成保障人们今生和来世幸福的宗教。众僧——至少绝大多数都无心思考教义：他们只求谋生；他们与道士几乎没什么不同，而农民们则是同时请和尚和道士。和尚的主要专长是葬礼仪式：为死者祈祷，主持安葬场面。占卜、魔法和招魂则更多地为道教所关心。

于是，中国的文化发展在宗教方面没有多大的进步。儒家官僚把文化变成一种阶级特权。普通人接受到的道教和佛教的思想，已经遭到怪异的扭曲。没有一部整理过的教义保存了纯正的经文。那些具有超自然能力的人也不再做教士了。宗教被压缩成普通民众的迷信思想。宗教混合了祖先崇拜、万物有灵论、道家主题，以及佛教中极乐世界和灵魂转世的观点。恶魔和死人混为一谈；神仙、菩萨、显赫的祖宗和了不起的英雄组成了一座人数众多的万神殿。信徒们经常造访各种神龛：有些是佛寺，有些是道观，还有的一些是专为这个神仙或那个英雄所建的庙宇，而在个别地方他们全都挤在一堆。这种宗教的最主要特点是功利主义；因人而异，既没有教条也无神秘性，靠着占卜问卦、仪式、禁忌以及神秘的公式，就自成一体了。与鬼怪或死人接触通常也可不借助媒介；大多数崇拜在家中进行：忠实的信徒可以自己行使职务，只有极个别情况下会请和尚或道士来参与。

传统和风俗因地而异，千差万别。然而，社会学家和深入研究者对此的描述却在许多方面都很一致。他们的叙述表明，中国农民的一生的生活都受制他所相信的鬼怪：他们无所不在。为了讨好这些鬼怪，他们在鬼怪作怪显灵的地方焚香烧纸，在树底下，在河边，或是在一小张红纸片上写上祈祷，贴在地里的界石上、铲子上、锄头上或是船身上。贴上门神画，房屋才能保平安；这些神仙把守入口，鬼怪不敢进来。符咒和仪式保佑着一个人从摇篮到坟墓都有不怕妖怪的诅咒。借助于巫术，人们有可能控制诸如水和风这样的自然力。水渠、灌溉槽、地里的垄沟的走向无不按照巫师的规定挖掘排列。巫师问卦算命，预测未来，编织咒语。神奇的原则决定耕种和收割的日子，它们都列在皇历上。招魂术是与死者灵魂接触的一种方式。

在每所房子里，都有一个小小的神龛，供奉祖宗牌位，在某些特殊的日子还要在其面前焚香点蜡烛。在祖宗的生日和忌日，以及其他几个场合，象征着他不朽存在的牌位还要请出来展示一番；给他供奉鲜花，焚香祝祷。供奉的食物，后来为全家享用。

每年至少有一次在坟前举行某种仪式：烧纸钱，燃鞭炮，给死者摆放一点食物。有钱人家就安排一次盛大的野餐。一年中有不同的日子祭拜家中的各路神仙。中国人有13个主要的节庆，最重要的是送灶王爷。农历十二月二十四，他会升入天堂，向上天诸神仙报告他对自己所监视的这一家子的看法，而这家人来年的运道就全取决于他所打的报告；为了得到他的恩宠，在他离去这一天，家家户户都为他准备六样菜，再加上一个高粱馒头，然后将他的像放在一抬纸做的轿子里一同烧掉。他回来那天，又在神龛处新贴上一张他的画。

每个村庄都有一个或多个的“祖宗祠”。在那里，每年都要举行几次复杂的仪式：四面墙壁都装饰着列祖列宗的画像，桌子上摆放着供品，奏着音乐，点着鞭炮；然后，主持仪式的人按血缘远近顺序叫各家的名字：每个人都往小杯里倒点酒，俯地拜三次。各家各户已经按皇历上的规定，事先准备了糕点、水果、糖果，分发给所有人家。

除了这些祠堂之外，村中还有些寺庙。大多数时候，无论信什么教的人都可以进去。平常的日子，信徒们是自个儿去寺庙，而不是一大家子的一部分。每个人都把香点着，放在香炉里；在神仙面前的地上弯腰行礼，给看护神坛的人一点钱，然后问询自己的命运。有许多方法，可以达到这一目的。最常见的一种是用牌，这是把雕刻好的竹根剖成两片做成的：如果它们落在地上三次以上，就可以研究它们躺在地上的方式，判断是好的或是坏的征兆。

在不同阶级的信奉中，宗教相应地担当着这样或那样的形式。在社会的上层，万物有灵论并不重要，传统的分量则更大一些；迷信对他们来说是一种象征系统。但是，不管怎么升华，宗教还是起着同样的作用：它捆绑着社会的身和脚，把它囚禁在过去里。

在20世纪初，时间表上最伟大的一项议程就是年轻的资产阶级革命者准备抛弃传统宗教：由于他们是在纯理论立场上采取这种态度，他们为自己的激进主义并未付出什么代价。国民党试图开展一场斗争，根除阻碍中国现代化进程的种种迷信思想：但是，他们的努力，如果人们可以感觉得到的话，也只是半心半意。中国共产党一直争取从运动中得到有效的成果，而与此同时避免触犯众怒。

巫师不许再操巫术；地主也只得到自己的一份，条件是他们必须像其他农民一样自己耕种。道教被解散了。正如我们所指出的那样，毛泽东一直很重视道教各派别难以确定这一特点。道教徒是无政府主义者，他们一贯敌视秩序和进步；这些自然崇拜者的后人堕入了万物有灵论，他们认为机器是亵渎神明的发明：在本世纪之初，道教兄弟会游说农民们，声称铁路打搅了空气和水精灵的休息，得把铁轨给拆走。解放时，也存在着同样的社团。当道教在摧毁旧世界上不再成为一个问题时，它已经成为建设一个新世界的大问题了。此时，无政府主义就不难界定了：它表现为一种倒退的力量；这些派别必须彻底根除。在北京，“一观道”——宣称调和了佛教和基督教成分，它类似于共济会，成员之间在经济上相互接济，在1950年12月遭到了取缔。它的一些领导被逮捕，被指控进行反革命活动，协会被禁止。它在上海的分支两年后也被查禁。但是，这一组织还是在地下秘密活动；乡村地区时有反革命对抗——由以前的地主和富裕的农民策划指挥——经常聚集在以前的道教地盘。1955年，道教兄弟会的许多头领被赶拢在上海、河北、云南和其他一些省份。不用说，政权的这些敌人认为这些做法称得上专政措施；天主教——

从来都是中国宗教中最薄弱的方面，相对他们而言，道教徒直到现在也只不过是魔鬼的随从——气愤得突然感到非常愤慨。所有这些虔诚的自由分子发现，在世纪之初，当农民们惊慌地拆毁铁路时，他们被众人宰割是很正常的事。把少数头目关在一边，什么坏事都干不了。除非放他们出去，然后再去做那些被他们的谎言所蒙蔽的百姓的工作。这样的做法，在我看来，不那么令人反感。

道教作为一种宗教，保持了在城市中的自由。城市中至今还存在着道士和俗家弟子。如果他们态度谦卑，他们还能从忠实信徒那里化点缘，来维修道观。大多数人们鄙视他们。在某些村庄，农民们常在夜间问询巫师，但这样的顾客越来越少了。

对于佛教和尚，政府的政策就不那么简单了。那些伪装成巫师的被追踪，并禁止操业。尼姑们——她们大多是被父母强行推进庵里——给解放了，她们回归到正常生活中，而且大多数还结婚了。佛教中有反革命性质的组织已经被取缔；佛教不及道教那样派别众多。然而，由于佛教是少数民族所信奉的，仅此原因就应尊重佛教（原注：伊斯兰教也是如此。无论伊斯兰教还是基督教，都没有引起多少中国人的兴趣，我在本章中就不作讨论了）。多数寺庙都靠政府拨款得到了修缮，因为政府急于让西藏人和内蒙古人看到政府十分尊重他们的信仰。北京城里及城外四周大约有400座佛寺。人们在那里讲经诵道，召唤佛教所尊重“七众”；律戒条每周朗诵两次。为死人赎罪的仪式在大的寺庙里举行。佛教徒为了回报给予他们的崇拜自由，保证拥护新政权（原注：至少绝大多数佛教徒是如此；但也有少数虽然宣誓了，还是执迷不悟）。1952年，20位佛教头面人物召集他们的信徒组成了“中国佛教协会”：从内蒙古、西藏和新疆来的活佛、和尚和俗人都到了北京。1953年5月19日和20日，这些代表团聚集在北京著名的广济寺，纪念释迦牟尼的诞辰；随后的几天进行讨论，前面提到的中国佛教协会正式成立于5月30日：它允诺支持政府查处披着宗教外衣的巫师术士：“我们庆祝打败反革命的胜利，反动宗派必须根除，这使佛教徒能辨清善恶，教导我们永远保持清醒，谨防秘密阴谋活动，保障我们信仰的纯洁性。”这次大会一直开到6月底。大会由两个汉族人、两个藏族人、一个蒙古族人和一个傣族人主持，到会的包括从拉萨和其他地方来的活佛和喇嘛；红教和黄教的代表；从前的敌人，在这次大会上也握手言和。所有的会议代表都身穿金黄色的袍子。达赖喇嘛也寄来了个人信函。协会的名誉主席包括从内蒙古来的活佛、达赖喇嘛、班禅喇嘛，以及德高望重的虚云，他1952年已有113岁的高龄。

佛教作为一种有组织的、教义明确的宗教，中国农民对此却不十分感兴趣。乡村的出家人，身份不那么明确，没有等级制，这就是为什么清算并未遇到太大的困难：没有盘踞的巩固的势力对政府的行动。事情的另一面是，由于和尚们的次要地位，针对他们所采取的措施，并没有真正影响人们自古以来的宗教习惯。由于政府不愿意与人民迎头相撞，祭祀等仪式仍在中国农村继续。市场上照样卖香；我在商店里还看到了烧给老祖宗的银光闪闪的锡纸、神仙的画和守护神的像，还有纸做的仿制品——房子，家具，还有象征仆人的小人——这些都将在死者的坟前化为灰烬。许多人家都有一个祭坛，在特定的日子里要供奉祖宗牌位；众多妇女继续祭祀灶王爷；对他的款待已不如从前，那做成西瓜形状的放了麦芽糖的糕点似乎是用来糊弄他的，但家中年长的妇女还是竭力讨好他。在一本题为《农村散记》（原注：秦兆阳著，他是北京出版的《通俗文学》的编辑之一）的集子中，我读到了一个故事，讲的都是这些事。一个名叫小珍的女孩与祖母和当村妇女会副主任的母亲住在一起。小珍正揶揄母亲：

“娘，不怕你是妇会干部，你能对我奶奶宣传宣传，叫她今日不祭灶吗？你知道吧？昨日集上，她瞒着俺们买了一斤糖瓜，准是预备祭灶的，可就是没见她买灶王爷，我到处都找到了，没找着。”

“今年集上没灶王爷卖了。这年头，买的人少了，就没卖的了。”翠兰嫂认真地说。

祖母听到了她们的对话。她盘腿坐在炕上，点上烟袋，咕哝着说：

“你们年轻人，哪知道老一辈子的事。我做女儿那工夫，每日刷锅做饭，看见灶头上的灶王爷，心里就胆小。说个笑话：不是怕别的，是怕他老人家嫌我糟蹋粮食，往后给我许配个傻女婿。你们别笑话，这是真的，我一辈子做饭可没敢糟蹋粮食。往后，寻了他爸爸，傻倒是不傻，就是穷。年年祭灶，我就祷告：灶王爷，灶王爷，快上天，快下地，晦气带走，财喜来临，风调雨顺，五谷丰登，粮食满囤，人口太平，百事如意，万事顺心……”

说到这儿，她自个偷偷地乐了，因为她十分清楚所有的祈愿没有一桩实现过。每年她都下定决心不再念叨了，但

是每年只要那时候一到，她就没了勇气，再一次向传统作出让步。然而，今年她决定把甜瓜分给孩子们，是的，这就是她所要做的。她女儿和孙女听到她这样大声说：

“……你要是真有灶王爷，这回上了天可就再也别下来了，下来也没用，连你的像也没卖的，人们都不信，这年头，你管不了事儿了……”

小珍和她母亲笑出了声，祖母最后也忍不住笑了起来。

这个小故事表明中国人是靠什么方法征服古老的偏见的。它们不是被一锤钉死。办法是让年轻的一代帮助老一辈看清问题。学校教师把这些古老过时的愚行提示给学生，建议他们回家说服父母。斗争已大部分取得了胜利。播种和收割的时间也不再查老皇历，只是依靠常识。在村子南面装扇门，或是因实际需要得在东面挖眼井这样的事都不再有人犹豫了；老辈人也许会抗议，但年轻人不予理睬。现在人们意识到，灌溉土地或防治洪水、兴修水利，要比拜祀龙王管用得多。社会和经济的进步会完全改变农民的思维。个别老农偶有抵触，紧抱旧观念旧习俗不变，但对整个发展并不构成阻碍；不需要特别压制。下功夫转变年轻人到理性的世界观是眼下的重大任务：传播知识，教育人民。

没有确切的数字能告诉我们1949年文盲人数有多少；估计占人口的百分之八十。这个庞大的数目首先能说明当时人们过着的极低的生活水平；其次，说明书写文字不容易学：中国字是象形文字，而非单个字母能凑起来的拼音文字，它一个符号一个字。在字典收录的4万个字中，常写写弄弄的人用达2万个字，掌握4 000个字就足以看书读报了；识1 800到2 000个就可看懂小学课本了，写写简短的报告。在掌握的4 000字中，2 000个字是费一番工夫。多亏有了那些部首和偏旁，一旦你学会了头2 000个，余下的2 000个就容易多了。不管怎么说，这个学徒期要比学字母文字的时间要长得多了。

共产党每到一地，就教当地农民读书认字；一解放，就声势浩大地展开了扫盲运动。尝试了许多不同的方法，其中一个方法是部队里的一个教员祁建华发明的，他设计了一种速成识字法，能在很短的时间里学会读和写。先学注音，然后通过学两个字或三个字的词组来学字。一个月后，你所认识的字可以从300个激增到2 000个。这个方法1951年问世，1952年得到了北京中央军委采纳，速成识字法被广泛运用；这个方法在1952年就教会了两百万人识文断字。其最大缺点是效果不持久：学得快忘得快。祁的这种方法不如三年前那么吃香了，其优点是学生能自学：只要掌握了注音，给他一本有注音对照的书，他就能记住这些词的意思，不用老师教也可学着写。但是，今天人们还是倾向于小学里的传统教法。

自1949年以来，工厂、矿山和农村都开设了读书写字班。在城市，课程都安排成晚上，在农村成人识字只在冬季农闲时开班；但是后来发现过了一年农民全忘了所识的字，现在的学习计划更有连贯性了，从冬季就开班，农忙时就松懈一点。成人教育的总的指导思想是：成人教育应该针对各个组的政治经历，目标是提高大家的基本技能和知识。先教农民的是与他们周围环境有关的字，如家畜、工具、庄稼等。启用解放区的方法，恰当的字都写在熟悉的物件上，还有房前屋后、公共场所。这些字就铭刻在人们的记忆里了。开始教给农民的几篇课文都与农活有关，同时也教他们一些算术，让他们能借助算盘记录自己的账目。再后来，让他们读一些编进基本词汇的报纸，政治文章，通俗故事。

据估计，自解放以来约有一千万成人文盲学会了读写和打算盘。1956春天年轻人和年纪稍长的两亿人中有450万具备小学文化。扫盲计划那时预计要到第三个五年计划即1967年才会结束。但是全国的社会主义进程，尤其是农业的集体化进程步伐却加快了，政府也决定加快文化进步。合作化的发展要求在7年内消灭文盲，而不是10年。

如果依凭数据，没有到过中国的人很可能认识这种乐观主义纯粹是胡诌。中国的小学教师还不到140万，而在校学生则达7 000万，成人学生有2亿至2.2亿；每个人得花三年时间，如果他想掌握最基本的知识——这些数字建议我们应该放弃这项工作，另一些数据似乎证明中国要能消灭老鼠、苍蝇和霍乱不知还要等多少年；可是，她没有卫生工程师也照样行，她发动起整个人口。她又正在调动人们的积极性。师资力量不够，答案是"人民教人民"。扫盲运动，就像对不卫生状况的斗争一样，是一场群众运动。500万青少年，功课做好，这当儿就在教着别人，而且每年都会有更多这样的人：他们正在教别人。1955年10月在北京举行的青年活动积极分子代表大会呼吁：每个农民，每个工人，只要他会读写，都应该把自己的经验交流给至少一个同志。这还不够。2 000万对4 500万；不，每个人都可临时充当老师教4个学生。在一些乡村城镇，有一定规模的合作社设置课程，尽可能利用一些诀窍进行教学。如果村子间相距较远，志愿者就会把农民们编成小组，有时在你家上课，有时到他家上课。学生也在一旁听父母的课。知识就是靠这种连锁反应传播的。

对干部们——合作社的头，乡村的人民公仆——则实行另外的制度：他们可以脱产三个月，一心一意学习，通常是在县上。成千上万的干部受益匪浅。

妇女委员会和新民主主义青年团在这场运动中发挥着举足轻重的作用。成立了许多扫盲协会，分支不计其数。这些协会招聘业余热心人，不计报酬的老师，组织和帮助那些需要教育的人。这种干劲的成果是，相比较于1954年的2 800万成人在校学生，现在有6 200万农民在校学习。

一个老大难问题之一就是找到必需的材料，尤其是初级读本；这个问题，也通过大家的合作正逐步得到解决。政府不能下达一个标准统一的计划：各省之间的差异实在太大了；课文需根据各地实际情况加以改编，这可以指责反对共产党的分子所叫嚷的共产党是“共产”化身纯粹是谎言。各个县的教育部门、青年和文化协会编写了在当地工厂和合作社使用的小册子。工作组帮助编写课文。例如，在山西省某县，1 800名中学生分成95个小分队，每个小分队走访不同的地方，两天后他们帮助当地的人民改编了476篇文章，使内容与他们的工作和收获相关。

从目前所取得的成就我们可以预见，从现在起的5至7年后，2.2亿文盲将掌握1 500个字，会用算盘进行计算。在两年内，各服务行业将不再有文盲。5年内这场运动将会把文盲扫清。1957年，将为工人开办小学；全国的文化水平将逐步稳步提高。

比扫盲运动更重要的事是，政府正努力建立主要是政治性质的文化机构。新闻界一项很大的任务就是让公民参与到国家生活中。由于缺少材料，每天发行的各种报纸，加起来的总印数只有400万份；读者人数则比这高得多。发行的报纸可以靠复制的办法来增加数量，在街道、工厂、办公室、农村，你可以看到钉到木板上的报纸，一份报纸经常被不知多少人读过。

中国共有17份全国性报纸，其中6份日报，7份周报，4份是每周3期；有248份地方报纸或专业报纸。影响最大的是北京的《人民日报》，它取代了当年的《延安日报》，成为党的喉舌；它类似于俄国的《真理报》印数为73万份。《中国青年》周刊的发行量最大，达180万份。有28种用少数民族语言出版的报纸：藏文、蒙古文、维吾尔文。还有少数出版物掌握在私人手中，如《大公报》，它已经存在了50年了，还有上海的《文汇报》。

它允许一些积极的批评。一方面，报纸是党和政府作自我批评的工具：他们指出领导同志应该改正的偏差和错误。另一方面，他们呼吁读者的积极合作。如果有人想抗议某个政府部门或私营机构的不公或错误，他可以给报社写信；如果这是个大家都关注的问题，这封信就会登出来，通常还附有被指控一方的答复，陈述自己的立场并予以道歉。这样报纸能让身处低位的百姓来真正监督负责同志。读者来信相当于民意调查，政府密切注意着它的趋向。

在新闻报道方面，报纸必须十分精确。曲解的词组或印刷错误都会遭到苛责。1954年的一期《光明日报》登了一篇在西方常见的假报告：一个想象力丰富的记者公开宣称：采访Orkura小部落时，他惊讶于政府所做的一切：为他们建造了一个小镇，有学校、诊所等等。中国当局竭力否认做了这些事：这些东西尚处于筹划阶段。《光明日报》被迫刊登了一份声明向广大读者致歉。

那些反对共产党的人会笑话这种吹毛求疵，因为政府仍然保留着自己独有的解释事实的权利。的确如此。但是，如果我们自己消息灵通的话，我们为什么要去故意忘记，事实上，直到昨天，中国人对政治世界还是一无所知的呢？他们的命运，经历了消极、被动和黑暗。“所有的新闻得值得登出”，这是我们要吹嘘的，他们也可以这样；引导人们理解事件，比起一点没有刊登，绝对是一种进步，而这确实是唯一能驱散黑暗的方法。把各种纷繁复杂、相互抵触的事实——“所有的真相”摆在公众面前，在他们还不具备基本的知识时，让他们自己区别判断，除了制造混乱，你不会有别的成功。（原注：我想我用不着说，我不支持任何国家对新闻的管制。但在我看来，中国是个特殊的例子，由于中国人口中文盲比例较高，他们没有政治熏陶，也不够老练世故）在人们还不知道任何事情之前，在开始阶段，可能带来混乱的东西必须让位于起码的顺序：这种观点，人们后来看来，是因为缺乏这种知识，才需要进一步发展。让我们实事求是地对待这个问题，而不是去悲叹由于当今需要强加给新闻自由的种种限制，我们就能敬佩政权为传播知识信息所做的努力。它并不需要人民的盲从。它竭力使普通民众了解时事，向他们解释原因、分析含义，并从政治上塑造他们，使他们更适合担负起领导责任。

解放前，历书和一种叫作“小人书”的图画册给一部分能读会写的农民提供它所能提供的文化。100年前，河北一个农民，刘，他肚里装着讲不完的故事，想到把这些故事记述下来让公众能读到，一个木匠把这些故事刻成图画并印了出来。语言通俗，偶尔夹着文化人的一些表达方法，这些故事在华北广为流传。在北京，刘开设了自己的古玩店，交由儿子和孙子打理。“小人书”代表了从著名的中国小说中节选出来的片断、冒险故事、鬼怪故事，还有言情故事。随着中国的解放，领导人决定利用它们作为在落后偏远乡村宣传的工具。1950年三位小说家都帮着李有才修改作品；其他人中老舍和赵树理也着手改编。他们的故事卖出了90万册。后来，他们又改写了许多古代传说；也新编了一些故事：工人英雄的故事，朝鲜志愿军的故事，追踪国民党间谍的故事，关于恋爱自由和婚姻自由的故事。一年卖出了一千万册这样的图画书。我读了《鸡毛信》的法译本。讲的是一个放羊娃冒险将一信封从日军占领区送到另一些抗日支持者手中。图画极其简单，故事也一样，但讲述得很好。老百姓们晚上坐在火塘边讲的，不是古老的传说，而是一些宣传故事，爱好纯文学的人听了不免皱眉；但是，那些古老传说也并不那么纯洁，并不那么无瑕。狐狸和龙王无疑又成了很受欢迎的题材，因为已经没有人惧怕它们的威力了。再者，这些图画书也没有继续构成整个通俗文学。人们应该得到更高层次的文化。

一旦跨越了扫除无知、破除迷信的初级阶段，接下来出现的问题便是：文学应是什么样的？《在延安文艺座谈会上的讲话》发表之前的两年，毛泽东就在《中国文化》，一份1940年创刊的延安评论上回答了这个问题。他写道：

> **中国共产主义者对于马克思主义在中国的应用也是这样，必须将马克思主义的普遍真理和中国革命的具体实践完全地恰当地统一起来，就是说，和民族的特点相结合，经过一定的民族形式，才有用处，决不能主观地公式地应用它。**

孙逸仙的三个原则称为“三民主义”，毛搭起的平台称为“新民主主义”。马克思主义者宋玉（音译，Sung Yu）对此的评论是：

> **新民主主义哲学，我们在评论它的同时，就可以接纳贯穿于从孔夫子到孙文整个精神遗产，把它塑造成一种指导全国革命的教条，把它锻造成赢得全国信心和支持的智力武器。**

他又说：

> **新民主主义是把马克思主义的普遍真理与现代中国文化的具体实践相结合。**

这种新文化扎根于旧的文化，并且具有中国的特别形式：中国共产主义与中国民族主义的紧密纽带，要求新文化必须如此。资产阶级——以及许多资产阶级出生的知识分子，出于对帝国主义的仇恨，聚集在一起革命；反对资本主义的斗争，与反对日本和西方的斗争，实质是一样的。爱国主义，把中国人民对政府的拥护凝结在一起，这仍然是不争的事实。他们非常感激共产党把他们的国家变成世界强国。民族主义不能断言自己在文化领域的地位：因为所有文化意味着一种传统的延续。

然而，提起“全民”时，其推论是一个国家居民的总数组成一个整体；这个“全民”概念能与一个分裂成许多敌对阶级的社会对等吗？统治阶级经常用“全民团结如一”，来否认这种分裂：因此，国民党称自己为民族主义者。国民党在抗日战争期间的行为表现，已经证明它篡改了这个标签；中华民国很轻易就声称自己是全民的，因为它正在消灭这样的敌对阶级。当要认可一个四分五裂的过去的遗产时，这就成了个繁杂的问题。最近，这个问题在中国的知识分子中引起了激烈的争论。文化是上层建筑：一些评论家认为，在一个腐烂的社会里，上层建筑还会有什么健康的东西。另一些人则对上层建筑的含义提出质疑。最终达成的结论是：文化上层建筑反映一个社会中所存在的矛盾，有时仅仅是表达它们，但有时是超越它们；两者之间必须有明确的区分。这就是毛在延安提出的解决方法：

必须将古代封建统治阶级的一切腐朽的东西和古代优秀的人民文化即多少带有民主性和革命性的东西区别开来。

他提出："中国现时的新政治新经济是从古代的旧政治旧经济发展而来的，中国现时的新文化也是从古代的旧文化发展而来，因此，我们必须尊重自己的历史，决不能割断历史。"他还写道：

> **清理古代文化的发展过程，剔除其封建性的糟粕，吸收其民主性的精华，是发展民族新文化提高民族自信心的必要条件……**

根据这段话，"民族的"就是"大众的"。但如果有人稍稍回顾一下中国历史，就会知道这个解决方法并不完全有道理。这两个概念间的空隙，确实解释了中国人今天对于自己历史的暧昧态度。

人们通常认为，中国的统一性更多的是一种文明的统一，而不是民族的统一。的确如此；有许多理由可以加以说明。中华帝国曾经有过几次统一；每次边界或都城都不尽相同；主权也不是一脉相承；事实上，过去的几个世纪接连不断地见证了不同的帝国朝廷，也见证过朝代更迭的无政府状态。帝国幅员辽阔，它更像一个联邦，而非一个国家；南方住着北方人，四川远离南北，二者根本不相似。始皇帝统一了车轴的幅度，也规定了道路的宽窄，这些首先保证了有效管理——官邮的传递——其次，把各省的大米和棉花运到国库：这些道路所起的作用，不是让分散地区相互接触。从军事上来说，帝国的军队与其疆土的范围是不相称的。法国本不是个真正的统一体，直到国王的军队能有效保护他的臣民不受小贵族挑起的事端之苦，能抵抗外来侵略；从那时起，人们才把自己当作主权的一部分，而圣女贞德讲述的正是这一个故事。在中国，打败了封建制度之后，军阀们继续控制拥护他们的省份，纷纷从帝国中割据出来。对于外来威胁，他们有非常独到的做法。有些省份非常惧怕蛮夷的袭击骚扰，然而，这些蛮夷没有合并成强大的民族，来征服和兼并中国。如果发生兼并，被征服的一方常常牺牲自己的利益，他们的传统、习惯、语言都被迫改变；这样的事情从未在中国发生过；蛮夷太落后了，他们不能将自己的牛轭架上中国的脖子：中国消化吸收了他们。譬如国内纷争，战争往往以改朝换代告终；新皇帝们摇身一变成了汉人，他们的政府既不比他们的汉人前辈好，也不比他们差。所有这一切，能解释清楚中国史书上碰到的“卖国贼”一词；各朝代的君权都是靠武力获得的，一种理想化的、模式化的观察认为，一个朝代的衰退表明它已经失去了它的特权所依附的美德。一位投向敌方而身陷囹圄的将军并未背叛自己的国家：他只是顺从天意；那些在20世纪时与日本人合作的中国人正是按照这古老的传统行事。对某一朝代的忠诚是封建的效忠，而不是爱国主义。为了代表一件事，人们得反对另一件事；这些反对敌对国家的战争激发了罗马共和国和法国的爱国情愫。当罗马帝国终于拥抱所有土地时，爱国主义就消退了：罗马公民的头衔象征着高等阶级，而非民族忠诚。汉人最看不起所有蛮夷——也就是任何不是汉人的人——因为这种鄙视使帝国成了世界，因而也就没必要声称自己的优越性。由于不对外发生关系，它从不需要立场，也不需要选择身份。

在法国，当国家把人民熔化成一个整体，民族意识和情感就自下而上地产生了：这就是资产阶级革命的杰作。为了反对封建势力，资产阶级与具有共同利益的社会各界结成联盟，把分割的小块田地织成大片土地；连接商业、农业和手工业的紧密纽带，把国家变成了一个有机的整体；共同的民族利益和阶级斗争的同时存在，构成了主导法国历史的矛盾；也有些时候，这种矛盾化解了一种平衡的合成物。中国历史的一个重要事实是，没有中产阶级，中国的主要工业、铁和盐在2 200多年前就为国家所垄断。法国国王在与封建头领的较量中，经常求助于公社和有势力的城镇居民，而中国的皇帝则派遣军队去推翻他的对手。疆土的广阔和中国文明和性质——河流、洪水、海岸等——是主要因素，官员是必不可少的；保障通信畅通和河水不泛滥的公共设施，需要安排无数的官员去落实。做买卖的人常被掠抢：他们的投机被定性为偷窃，他们的孩子没有权利参加为官的考试；他们差不多都被数额巨大的税收给压垮了。尽管在商业繁荣的年代——马可·波罗可以作证——商人们也从未形成一个阶级；他们最大的雄心是成为财产持有者，因此，他们买地置屋，而不是集攒资本（原注：有人会注意到在罗马帝国末期也有类似情形。不过，那是1 500多年前的事了，而这种情形在中国一直持续到19世纪末）。造成的后果是，贸易量总是那么少，商业中心没有任何影响；手工制作仍然局限于家庭或村庄的规模；每一个社会团体——农场、村庄、小镇和省市——都处于自给自足的孤立状态。地主们（官员们大多出自这一层次）没有共同的利益纽带把他们连结在一起；有些还退隐不问地方事务；他们的统治，在于执行上面传下的命令；他们在国家的发展中没有直接的发言权，这足以说明整个国家缘何停滞不前：中国缺少一种引起变化的活跃因素，在西方这就是资产阶级的进取精神。

皇帝们并没有这种进取精神。除了始皇帝，他打破封建割据，建立了帝国，除他之外，没有一人做过任何影响以后历史进程的业绩。始皇帝集拢在一块的帝国实在太庞大：他的继任者们仅为保卫疆土、恢复统一就费力不少，甚至筋疲力尽。各个分隔的地区之间没有经济上的团结，事实上，这种团结永远没有实现过。地方上发生的战争，帝国其他地方的人毫无兴趣；诗人墨客们非常公正地指责说，这是代价昂贵的毫无意义的冒险。因为内部没有凝聚力，帝国似乎随时都在分崩离析的边缘；君主们也不敢为将来下多大的赌注；他们的政权时时为财政麻烦所主宰；他们的精力不是放在发展中国的资源，而是放在征收税款，搜刮民脂民膏。彼得大帝是个专制君主；但是，俄国的民族主义者却对他评价很高，因为他使国家走上了进步的道路。中国的皇帝们只知道重演战争，重复过去的行政任务，他们的统治给他们的同时代人带了许多不同的机遇，但它们全都未能锻造一个新的未来。如果今天中国人用很敌视的而非友善的眼光回顾过去，这毫不奇怪，因为皇帝们剥削人民，而非创造国家。参观历史博物馆时，我的导游非常尊敬地指着始皇帝的塑像对我说：他可以看作是中国的奠基者。至于实行种族分离的满族，他们欺侮中国，还把她卖给西方，中国人的态度是彻底的仇恨。其他的皇帝，他们全都压迫人民。以现在的观点看来，他们稍好一点，得到了某种尊重，因为他们代表了中华文明的某个时期。

因为如果没有民族统一，就只有一种中华文明；今天的民族主义认为："中国一直是世界最大文明的摇篮之一"——这是一次又一次在官方讲话中出现的主旋律。很明显，对于他们的历史——事实上似乎没有历史，似乎没有现在的创世记——中国人愿意接受通俗文化中塑造的不朽形象，也就是传说。他们的过去得去保存下来，不是一连串注明日期的事件，而是以传统和象征的面貌出现。例如，中国在几世纪后写成的《三国演义》，把血腥的无政府时期形象地称为"三国时代"；对中国人来说，那是个骑士的黄金年代。许多文学和戏剧是从《三国演义》中而非历史上借用了许多英雄和情节。其中一位人物还上升为神：关帝，这位故事中伟大的将军进入了中国的万神殿，甚至被赋予了制止战争的使命。许多历史事件都经历了类似的演化。唐明皇和他的杨贵妃没有做过任何事情改善人民生活；一方昏庸怯懦的欲望，与另一方颇有心计的柔情，这本身没什么特别高尚之处；但这些故事尤其是讲述这令人悲叹的爱情悲剧的戏曲，却是那样的精彩动人的文学作品，深入中国老百姓的心，以致这对情侣成了伟大和哀愁爱情的化身。

理一遍那些最著名的传说中的主题和英雄，人们不难发现它们所反映的伦理观念并不连贯。中国历史上最著名的英雄之一是岳飞，他至死都在保卫他那被打败的皇帝；人们在杭州给建了一座庙；石雕的武士站立在通向他墓地的道路两旁，一座代表他的塑像举着一片玉在他的唇边：这是任何一个体面的凡人在天子面前都要摆的姿势。岳飞对皇帝的顺从与忠诚在此纪念；这就是人们对这位将军表示尊重的方式。过去，人们还在把他交给敌人的两个卖国贼前吐唾沫和撒尿。然而，令读者们赞赏的是《水浒传》，书中所讲的108个好汉占山为王，反抗腐败的代表帝国统治的那些官员。中国人对宋江总有特别的好感；他们对其过去英雄事情的喜爱持久不衰，有无数的故事和戏曲颂扬他的反叛。

这种暧昧很好解释。首先，必须注意到在20世纪初的华北，岳飞被神化了，人们试图兴起一种官员宗教：军方曾把岳飞当作军队的保护神。蒋介石的民族主义中国最大限度地制造了这种崇拜，根深蒂固，共产党甚至不打算将其从民众心中消除；确实，与以前一样，岳飞今天继续象征着公共精神，继续树立着对权力忠诚的榜样——目前则是对共产党领导。那些反抗让中国呻吟的邪恶政权的人们也被视为英雄。中国的民族共产主义又回到了古代爱国情操和阶级斗争的原题：但是没人能铲除中国统一国土和分裂社会中的矛盾，在20世纪之前，整个国家的利益从未凌驾于分裂人民与统治者间的冲突利益之上。造成的结果是，过去未能遗赠下来任何为广大群众振臂高呼的爱国英雄的事迹；那英雄也许出身卑微——其实，许多皇帝都是如此——但他不是人民的化身；因此，岳飞不能与贞德相比，他仅仅忠于朝廷，而贞德不仅为国王而战，也为法国农民而战。“民族的科学的大众的文化”——粗略检查一下中国传说中的数据，就足以引出一些自相矛盾的词语来。早些时候，我曾在北京评论过中国人是怎样在纪念碑前驻足的：他们敬仰但并不爱戴他们。原因也是同样的。宫殿和寺庙无疑是民族遗产，但是在它们的性质中却没有大众性。

那么，什么是构成中国真正大众的文化呢？中国文化历史中的主导事实之一就是，垄断文化的学者，其实就是为皇帝忠心耿耿卖命的各级官员：他们与普通百姓的关系与西方的截然不同。

中国古代办事员的职能与法国中世纪后期一样，主要是在嗜战好武的王子们与在田地上苦苦劳作的农民们之间担当中间人。由于能读会写，还能计算，他们沟通了人们之间的交流。但在两个国家，办事员都想方法垄断自己的职能。在法国，他们用拉丁文。在中国，他们也一样使用秘不外传的语言。始皇帝推广的规范的书写暂时在空间上统一了中国，从领土这一端到那一端，几个世纪书写都没有任何改变；但学士们为了显示以别人的不同，书写时用“古文”，一种只有他们自己才懂，而且沿用至今的语言。尽管有某些相似之处，两种执事间的差异还是很显著的：西方的执事都是些教士主要忠于教会而非王子。从罗马帝国发枝的基督教具有普遍性、人性和理性。天主教是最能充分涵盖的一个词。宗教不仅包括仪式，而且也是一种意识形态；它接管了过去的精灵崇拜，但是，在此过程中基督教削弱了它们的特殊宠爱的神以及它们的巫术性质，基督教提出的教条和戒律能普遍接受，而且这些教条和戒律较以往的种种迷信有很大的进步：

基督教将人放在万物创造的中心。牧师们肯定在上帝眼里人人都是平等的，在某种程度上，他们向人们宣扬平和与公正，反对封建王公和国王的过分压榨。他们与那些他们想拯救的灵魂保持密切的联系。布道、赞美歌，捐赠和众人在教堂传喝过的有污渍的玻璃杯使得文盲们有机会接触到文化，这是一种有着严密组织的牧师们高度警醒，防止堕落的文化：教会学者严密监视，加强基础，大众的想象由此而生。我们知道这种合作所产生的丰硕成果已得到证明。赞美歌诞生于古老的歌谣；神秘的事物是从戏剧演变而来的；画家和雕刻家大多都出生于低贱社会阶层的牧师。13世纪的人口增长，社会生活条件提高，通俗艺术如花儿般绽放。

中国的情形正相反，文化和宗教是分离的；牧师教士都不是政府管理人员；研究宗教的年轻人又很快改换职业。然而，佛教在渗入中国时并未失去其原有的丰富性；它影响了造型艺术；在供奉佛陀的石窟里，画家们重现了阿弥陀佛乐园里的不同菩萨。魏朝的伟大雕塑与法国的罗马式雕塑一样，表明宗教与人民间有着十分严密的联盟。但是，随着佛教降低了自身，宗教艺术也随之而堕落。喇嘛教精心创造了道教借鉴的肖像法，这种肖像法的普遍和丑陋在圣稣尔比斯会（译注：圣稣尔比斯会，巴黎一教区名）身上引起了共鸣。从意识形态上来说，从其声称普遍性的角度来讲，佛教道教与儒教一样，仍然具有特权阶级的属性。

这种文化隔离的相应方面是，它有利于民间传说的出现，而文化的普遍性在法国却让我们失去了这一点。中国人在不同省份塑造的人物各有特点，他们的造型能力由此可见一斑。从明朝开始，烧瓷、做漆器、景泰蓝都被官方垄断，工艺退步，清朝时则更糟。但是，原有的活跃的传统，在乡间依然具有生命力，那儿的文学也得到发展。佛教的影响产生了狐狸以及其他传说中的动物变化成美女的种种故事。道教激发的故事则以神奇的物件为主题，他们最爱用的一个物件——镜子被赋予了非凡的特点；这些故事离不开占卜预言；他们描述隐身现象；他们混合梦想和现实。这种神话传说内容单调，缺乏光彩。更有意思的是那些人们借以表达自己对中国历史的观点的传说；这个史诗宝库已经受到挖掘，不断地讲述或传唱，尤其是在戏剧舞台上。明朝时产生了一种重要的文学样式，就是在这些来源找到其支撑的。

中国人有丰富的通俗文学遗产——但是，源于文化隔离的民间传说，在何种程度上能结合进一种以普遍性为目标的文化呢？普遍性在中国却是民族性，但它却并没有通俗性质——今天通俗性何以才能具有民族性呢？

这又让我想起了另一个问题。20世纪初，资产阶级试图从教士手中夺走文化垄断。中国资产阶级的“一点这个，一点那个”的思想意识反映在它的文学中。在多大程度上，共产主义的中国会承认其与“五四”运动的亲属关系呢？从过去中赢取未来并不像看起来那么简单。

有一点我们可以肯定：中国急于解救，找回她的过去。我在北京期间就有无数的展览：古代乐器，早期的瓷器和陶器。在紫禁城外院两翼的建筑里，有一座永久性的博物馆，展出自北京猿人至宋朝时的这段历史。一些平静朴素的展品非常得体地安排在开始部分：追溯进化，先从鱼的家谱开始，一支一支，一直到身穿蓝色工装的工人。有人会想到凯诺的《小天体演化论》：

猴子不费力，猴子变成人，

设计原子则有点慢。

这个阐述也同样棒。在博物馆里，人们可以看到曾用来占卜的龟甲、刻字的竹简、铜器、陶器、印章，还有刻版。还有孔子、秦始皇、忽必烈和墨子的雕像和画像。一些新作的画表现古代可能的乡村生活，照片拍摄的是龙门石窟的佛像。这些展览的成功之处，在于北京曾经几乎失去了所有真正的古代文物，由于这一点，这个展览尤其不易。西方国家的博物馆里塞满了中国的艺术瑰宝；在逃往台湾前，蒋介石看到什么就卷走了什么：他装了300箱考古文物，其中有25 000片"甲骨文"，古代用于预知未来的牛的锁骨碎片。北京博物馆被掠夺一空：青铜器、瓷器、字画、漆器、丝绸、玉器和珍稀书籍：共有2 972箱；852箱从中央博物馆搜括来的藏品；此外，蒋还从图书馆偷走了120 000本古代书籍。1955年10月，他用船装运了约4 000卡车的掠夺战利品到美国。

政府采取了一些措施制止这种掠夺：1950年5月，具有一定文物价值的东西禁止出口，琉璃厂——北京古玩店比较集中的地方，也不再卖真品，而只卖一些仿制品。同年制订了另一项法律，保护历史碑林和考古现场。但是，消极措施并不是十分有趣：中国正靠推动考古工作来重建藏品。中国自宋朝以来就有考古学家；直到这个世纪，他们才专事金石学和象征或预表之研究。法国学者率先着手打开了这个伟大的挖掘时代；1920年至1937年间有了许多重大发现。后来，由于抗日战争和内战，这项工作被中断了。1950年又重新恢复了这项工作，现在，你在故宫的展馆中看到的青铜器和塑像都是那以后挖掘出来的。1952年，北京大学增设了考古系；一些速成课程在很短的时间里向学生们介绍了这一领域，到目前为止，共有270名年轻的考古学家从该校毕业。天助人也。在过去5年里，由于建设道路、开挖运河、建造工厂和铁路，需要大量挖掘和搬运泥土，许多珍贵文物得以见天日。破土修建北京宾馆的新翼时，一处藏有明代瓷器的地下室被发掘出来。大规模的考古计划正有条不紊地进行着。中国人正积极寻找自己古代文明的蛛丝马迹。但问题仍然是，以何种方式和形式，具体表现在不同的文化和艺术范畴。

三 文 学

仰慕旧中国的人坚持认为，文学过去有着无可比拟的重要性——它是社会的基石；事情的真相正相反，文学被降为统治阶级的工具。作为种种特权的来源，文学在中国被特权阶级所垄断，较其他国家更甚。为达到交流目的而创造的语言，在官员们手中成了进一步隔离的工具：直到这个世纪时，他们还使用古文。胡適曾这样描述过："古文像中世纪时的拉丁文，但比拉丁文还没有生命力，因为拉丁文还能被讲，还能被听懂，而古文已变得甚至对那些学者自己来说也无法理解了。"阅读是件困难的事，对不是专家的人来说，读古书几乎是不可能的。再者，由于其处理的素材，古典文学作品故意保持一点秘密性。官僚精英们自己，或为官僚精英们创作的作品，主要是为了达到教育的目的，要不就是为了追求形式的完美。文学样式不多，但每种都有呆板的规定。乾隆皇帝1772年下令开始编撰工作，1776年评论家姚鼐列出的书单使得这一工作得以具体化：杂文、政论、墓志铭、警句、诗歌、悼文和历史。没有提到戏剧，也没有提到散文。17世纪末，学者袁中郎抗议这种墨守成规，在当时引起了不小的震动。在他两个兄弟的支持下，他宣称作家应用所处时代的语言抒发情感。希望每个作家都有自己的风格，写自己所选择的题材。袁在一片旷野中呼号。文化隔离依然继续。从普通百姓中发迹的官员，一旦得到他们所想要的，就割断了同普通百姓的联系，这真是十分稀罕，在每一个关于暴发官员的故事里，都或多或少具有传说成分，他忘记了自己卑微的出身，径直奔官袍而去，如果他写作的话，他一定会像他的同僚一样，是个遵奉传统的人。

然而，无论在哪个社会，作家的处境都是十分暧昧的。马克思允许资产阶级知识分子超越自己的阶级观点，采取一种普遍认同的立场。在中国，朝代更迭、宫廷政变、社会危机，以及作家自己私人生活中的种种境遇，让文人学士退后一旁，更全面地观察政权机构。他们是批评甚至抨击朝政的历史学家和散文家；许多作家力图在强加给他们的框架内阐述新颖的观点。诗人是最不墨守成规的；他们很可能都是学者中个性独特的人；他们不仅拓宽了吟咏的主题，而且倾诉人民的不幸，痛斥战争和压榨。诗歌无疑代表了中国古典文学中最有活力的部分，这种形式反映的人们关爱的、通俗的内容十分成功。

在正统文学的边缘，演变出另一种使用的语言写作的传统，这种语言非办事员所用，也不同于官方形式。开始时抄写员们为了自娱自乐，为佛教的变文写了些故事，后来又以口语形式，即白话。10世纪宋朝发明活字印刷术后，故事、说书、戏剧对白大量涌现，就像演员的台词一样，这些书方便了说书人的记忆，也给读书人不少乐趣。当这种新的印刷技术被允许采用，书被成倍印刷时，这种文学样式得以发展。从明朝起，民间传说串缀成长篇小说；学者们在其中某些部分发挥了作用，那些落第的人，他们有文化背景但却没有官衔，也在某些部分发挥了作用；通过与大多数百姓的分享，他们用通俗的语言写下他们所同情的人和事。《三国演义》《水浒》《西游记》《金瓶梅》，这些著名的小说就是这样产生的。

满族的封建世界的衰落，也在文学中得到反映；文学开始不注意形式条框；新的样式崭露头角。小说不仅仅是一种娱乐：许多作者利用它表达自己的世界观。《红楼梦》是这一时期的典型作品：它现实主义、主观主义、悲观主义地阐明了中国作家新建立起的个人主义。人们一再发现作者——与《红楼梦》的作者一样，在主要人物中注入了自己，把自传与虚构混合在一起。那个时代最著名的作家之一是蒲松龄。他写了许多故事、歌曲和民谣，抨击腐败官员，攻击高高在上和有钱有势者。但与此同时，他写了许多关于农业、草药和民俗传统方面的小册子，以求提高人民大众的文化层次。他73岁时写了一篇短短的自传，讲述自己的家庭生活。自画像在那时非常流行：这种主观主义的旺盛，部分是受到佛教的影响，自省和反思会使他们更喜爱内心世界。

自19世纪开始时，小说这种形式就已经沉沦了：大量斗篷匕首的冒险故事更多地带有工业的，而不是文学的味道。但是，小说也成功地混合了传统文化和通俗灵气。诗人以一种博学的形式表达群众的情感；小说家利用他们的文化背景资源把握通俗的语言和通俗的主题。

“吾以为文学在今日不当为少数文人之私产，而当以能普及最大多数之国人为一大能事。吾又以为文学不当与人事全无关系；凡世界有永久价值之文学，皆尝有大影响于世道人心者也。”胡適在1916年6月的一篇日记中这样写道。与文艺复兴时期的法国资产阶级一样，中国的新一代知识分子首先要求用自己的语言写作，那就是放弃古文，采用白话。他们希望看到写作打破传统的形式。胡適在《新青年》出版的题为《文学改良刍议》的宣言中概述了自己的观点。陈独秀的《文学革命论》支持了他的观点，之后，胡適又发表了第二个宣言《历史的文学观念论》。

“不要模仿古人”，胡適建议用大家都懂的语言写作。《新青年》评论就树立了这样的榜样：从封面到封底都采用白话文。这场运动持续了好几年。“让我们反对所有高贵的、宝贵的、逢迎的写作，让我建立一种直白的文学，既有表达力又通俗易懂，”陈独秀在《新青年》中写道，“推倒陈腐的铺张的古典文学，建设新鲜的立诚的写实文学”。400种用白话出版的刊物，大量的小说、戏剧、故事，都是对这一召唤的积极热情的回应；翻译也用白话，一些严肃的评论也采用白话，以证明白话也能胜任表达抽象的观点。胡適正是用白话于1919年写作了他的《中国哲学史大纲》（上卷）；从那以后，许多科学家和学者都模仿胡適。这些大胆的革新，遭到保守分子的激烈反对。所有小学都必须使用通俗易懂的语言，教育总长于1920年宣布，“凡照旧制编辑之国民学校国文教科书，其供第一第二两学年用者，一律作废；第三学年用书，准用至民国十年为止；第四学年用书，准用至民国十一年为止”。这在知识界引起了一片欢欣。封建文学的日子结束了，新的资产阶级文学的黎明就要来到了。

中产阶级不知该走何条路，新的知识界在思想意识形态上存在着分裂；资产阶级彷徨不定的复杂思想也在这一时期的文学史中反映出来。聚集在胡適周围的新月派，大都是大学教师、作家和诗人，他们在哲学上倾向理想主义，在美学上是象征主义。他们的主张针对任何阶级，他们的价值观恒久有效，他们以文学和艺术为目标，不介入政治。这种姿态并不陌生。然而，只有一小部分知识分子采取这种立场，绝大多数人希望更进一步的革命。但是，是哪种革命呢？中国应该走苏俄开辟的无产阶级专政的道路吗？还是有其他别的道路？许多作家认为，他们为之奋斗的文化非常重要。局势让人迷惑，因此，有几年左翼知识分子分成几派，这是让人可以理解的。

文学必须"参与"：所有左派作家都同意这一点。但是，对这种介入的性质和程度却有着怀疑。由茅盾和鲁迅在1921年1月领头发起的"文学研究会"（译注："文学研究会"发起人有茅盾等12人，鲁迅并非发起人），发表了其宣言，肯定了文学的政治作用："将文艺当作高兴时候的游戏或失意时的消遣的时候，现在已经过去了"，提倡反映被压迫者"血的文学和泪的文学"。茅盾几次严厉批评"为艺术而艺术"的理论观点，认为文学的使命，不仅仅是给时代竖一面镜子，文学必须影响时代，文学能做的不仅仅是重拾过去；它的使命是开辟未来的道路。茅盾认为，左拉和托尔斯泰是他的导师；但是，无论是他还是鲁迅，那时都还不是马克思主义者。对于文学隶属于阶级斗争的观点，他们十分不满。茅盾认为，如果仅仅把无产阶级文学视为宣传的武器，那就有悖于文学的本义。鲁迅也持相同的观点，坚决支持作家的无条件的创作自由。

由归国日本留学生于1922年成立的“创造社”（译注：“创造社”1921年成立于日本东京）存在着同样的问题。最引人注目的是郭沫若：那时期他徘徊于托尔斯泰与列宁之间，他深受德国哲学家和诗人的影响；一方面，他憎恨封建主义；另一方面，他有着浪漫主义的理想。他宣称：“我想我们的诗只要是我们心中的诗意诗境底纯真的表现，命泉中流出来的Strain，心琴上弹出来的Melody，生第颤动，灵底喊叫；那便是真诗，好诗。”他后来创作的诗歌集《女神》符合他所提倡的要求。在日本的郁达夫既深入文学，也沽酒买醉——在短短4年的时间里，他饱览了上千部小说，在他的故事和小说中找不到模糊不清的青少年人物。他们两人都认为在一个腐朽的社会中心，文学和艺术可以形成一个紧密的小世界；他们很快就改变了自己的看法。积极投身于当时运动中的郁达夫写道：

我们的志不在大，消极的就想以我们无力的同情，来安慰安慰那些正直的惨败的人生的战士，积极的就想以我们

的微弱的呼声，来促进改革这不合理的目下的社会的组成。

1923年左右，郭沫若接受了无产阶级的观点，认为要反对资本主义灾祸。这场运动意在发扬无产阶级的精神，无产阶级是新的人类，应该写他们，为他们而写。

1925年，他解释了自己的思想转变过程：

我从前是尊重个性、景仰自由的人。但在最近一两年间与水平线下的悲惨社会略略有所接触，觉得在大多数人完全不自主地失掉了自由，失掉了个性的时代，有少数的人要来主张个性，主张自由，未免出于僭妄。

南京路事件更坚定了“创造社”的革命态度。郁达夫和郭沫若搬到了广州，投身政治。郁达夫发现，那种积极的生活令人失望，他北上上海。在那里，他像个厌世者一样，一直抱怨到1939年他离开中国。1945年，他在苏门答腊不为人知地终结了一生。

1926年，郭沫若出版了他的《革命与文学》一书。他在书中为郑振铎两年前提出的立论作辩护，“文学是永远革命的，真正的文学是只有革命文学的一种”。与“创造社”一向不和的另一个文学社团是“太阳社”。他们之间的分歧，不是关于文学立场，更多的是个人恩怨，也决定于支持文学的强烈的社会和政治意识。

鲁迅则一直坚持自己的立场：文学必须有一定的独立性。1925年，他发起的《语丝》（译注：《语丝》1924年11月在北京创刊）评论创刊，当时的编辑人员包括讽刺和幽默作家林语堂和小说家老舍。（译注：此处误，老舍并非《语丝》编辑人员）鲁迅讽刺左派的“创造社”和“太阳社”，他也嘲弄右派的“新月社”。他的态度从讨论文学的使命时起就未改变过。比如他曾认为，文学必须是整个社会生活的表达。尽管文学不可能仅仅属于革命，但只要它所反映的社会为反叛精神所激发，它就有革命的印迹。

左派作家们最后决定达成共识，认为应该求同存异。1935年，“创造社”、“太阳社”、茅盾和鲁迅等，发起组织了“左翼作家联盟”，鲁迅当选为主席（译注：“左联”1930年3月成立于上海，鲁迅为常委之一）。他们的纲领是坚定的无产阶级的：

我们的艺术是反封建阶级的，反资产阶级的，又反对失掉社会地位的小资产阶级的倾向。我们不能不援助而且从事无产阶级艺术的产生。

然而，少数作家——马克思主义者，认为这个计划太激进——于1932年组成了另一个文学社“当代社”（译注：“当代社”：中国现代文学史上并无这一社团，估计作者指编辑《现代》月刊的几位作家），但他们仍与左联保持团结，他们的态度依然未变。

左翼作家在文化这个层次上没有任何对手。1930年，民族主义者发动了“民族主义文艺运动”，它的宣言称“文艺底最高的使命，是发挥它所属的民族精神和意识，换一句话说，文艺的最高意义，就是民族主义。”国民党与外国帝国主义的勾结，使民族主义者的理想变成了一通废话。资产阶级一再说服自己接受这样一种局面：不断地出现妥协折中，出现不好的信念；正面的表达会暴露出自己的矛盾，从而帮助了革命事业。右翼作家于是决定缄默不语：他们没有我们现在法国文学右派那么多的废话。（原注：在法国，资产阶级是衰落了；在中国，它则是受到了压制。这两种情形不尽相同。但是，两国的资产阶级文学的任务却是一样的：用轻浮来遮掩失败）与鲁迅分道扬镳的林语堂，成了幽默派的领袖。我读过他英语版的许多散文：杰克·洛朗（Jacques Laurent）熏陶了他的浮浅的幽默。右翼文学垮台了，左翼作家的成功却蒸蒸日上，这使得国民党尝试暴力。“文化暴徒”四处出击。一支特殊的警察分队的任务是搜寻藏在上海租界内的左翼作家，如果有必要的话，可以绑架他们。1931年2月1日，左联的几位作家遭到了逮捕（译注：左联的几位作家遭到了逮捕：此处时间有误，应为1931年1月17日）。有些被枪毙了，另一些则遭到了活埋。1931年至1932年间，共有40位作家遭到杀害。1934年，有149本深受读者欢迎的书籍上了宣传当局的黑名单，鲁迅的一些作品也在其中。

然而，幸免于死的左翼作家并没有松懈或停止他们的活动。鲁迅翻译了普列汉诺夫和其他许多俄国大作家的作品。中国读者得以熟悉高尔基、托尔斯泰、屠格涅夫等人的作品，他们也有了机会认识法国作家雨果、莫泊桑和左拉。小说是这一时期文学领域的最显著的成就，梁启超早就指出小说的社会重要性；他甚至把中国的一些不幸祸根归咎于旧小说，他鼓励作家们创作出传播新的政治和社会信仰新的小说。鲁迅在北京大学开设一门关于中国小说的课程，他的讲义被出版成书，得到广泛阅读：他猛烈抨击某些学者对小说的鄙视，指出自明朝以来所写的小说的价值。外国文学的榜样也鼓舞着中国人：从20年代中期起，涌现了大量攻击家庭传统、禁忌和旧社会经济结构的小说。巴金的《家》是最其中著名的一本。茅盾的《子夜》，描写了新兴的中国资产阶级，他的这本书拥有广大的读者。老舍则着力刻画北京的社会生活，讲述苦力的故事。他的小说中运用北京方言甚至是那座城市所特有的俗语。

鲁迅是这个时期最伟大最著名的作家。今天，他被视作中国的高尔基。他的肖像高高地悬挂在所有的作家会议和代表会上，他在上海的寓所每天有许多朝圣般的参观者。他最好地代表了1917年至1936年间的知识分子，推动了现代语言和文学的发展，让它们为革命事业服务。

他原名周树人，1881年生于浙江省，在南京完成了他的大学学业。（译注：1889年，鲁迅考入南京的江南水师学堂，次年转入矿务铁路学堂。1902年赴日，先入东京弘文学院学日语，后入仙台医专学医）他年轻时的一个朋友曾谈起鲁迅在青少年时心头常萦绕着三个问题：

理想的生活是什么？中国人究竟缺乏什么？怎样才能治疗？与同时代的许多青年人一样，他认为中国在根本上是需要科学家。由于当时盛行的迷信，他很小的时候失去了父亲：父亲没有得到科学的诊治，家人把他交给了巫医。很显然，父亲的死，促使了这个男孩献身医学。他到日本去学医，但之后改变了自己的职业，他自己是这样讲述这种转变的：

> **一段落已完而还没有到下课的时候，便影几片时事的片子，自然都是日本战胜俄国的情形。但偏有中国人夹在里边：给俄国人做侦探，被日本军捕获，要枪毙了，围着看的也是一群中国人；在讲堂里的还有一个我。**
>
> **“万岁！”他们都拍掌欢呼起来。**
>
> **这种欢呼，是每看一片都有的，但在我，这一声却特别听得刺耳。此后回到中国来，我看见那些闲看枪毙犯人的人们，他们也何尝不酒醉似的喝采——呜呼，无法可想！但在那时那地，我的意见却变化了。**

使鲁迅感到震惊触动的是，他看到一群中国人站在一旁看着自己的同胞被杀而丝毫没有感到不安。于是，他发现了自己国人身上的主要缺陷：冷漠。他经常指责他们这种丑陋。他在几年后痛苦地写到，我们突然沦为了奴隶，但马上就习惯了自己被奴役的地位。他又写道，如果我们既不真正地聪明，也不真正地勇敢，而只是忧郁畏缩，那么，我们的困境就十分严重了。他认定，最根本的任务是根除这种麻木不仁：他选择了文学。他出版了许多文章和翻译作品，但并不十分成功。他于1910年担任教职，继续准备中国小说的研究。

1911年辛亥革命的失败，使他强烈地意识到自己的努力白费了：如果无人响应无人听，那么谈什么都是无用的。他缩回自己的壳里，在孤独中沉寂。“再没有青年时候的慷慨激昂的意思了，”10年后他如此坦承。他整天沉溺于抄写古代文章，只与不多的前来看望他的几个朋友交谈。《新青年》的编辑之一，金心异，一天晚上顺道拜访了他。“你可以做点文章，”他这样劝道。鲁迅是这样回答的：“假如一间铁屋子，是绝无窗户而万难破毁的，里面有许多熟睡的人们，不久都要闷死了，然而是从昏睡入死灭，并不感到就死的悲哀。现在你大嚷起来，惊起了较为清醒的几个人，使这不幸的少数者来受无可挽救的临终的苦楚，你倒以为对得起他们么？”

“然而几个人既然起来，你不能说决没有毁坏这铁屋的希望。”金心异说。

鲁迅的所有赌注都押在那个希望上。受果戈尔《狂人日记》的启发，他写了一个故事抨击旧孔教社会。他还写了其他故事，都非常激进和革命。这些故事都收集在几本书里。《呐喊》收集了写于1918年至1922年间的15篇故事，《彷徨》则有11篇写于1924年和1925年这两年中的小说；《故事新编》则包括另外8篇故事，写就于1922年至1935年间。除了这些故事，鲁迅还写了几篇自传性质的文章，集于《朝花夕拾》。他翻译了许多故事和寓言，赋予了它们象征意义，重新讲述中国古代的传说。通过这些素描和札记，鲁迅在《野草》中揭露1924年和1926年北京发生的一些事件：他攻击当时左右华北局势的军事当局。这八年是他文学生涯中最高产的。《阿Q正传》给他带来了极大的声誉。之后，由于他作品中所反映出来的明显的原因，他放弃想象的写作。

故事、寓言、叙述都反映了鲁迅对辛亥革命后的失望。胜利果实被骗走了，然后又与压迫者做交易。对于这样的资产阶级，鲁迅感到十分厌恶。他后来写道，他憎恨自己的阶级，对于他们的可悲和沮丧，却没有丝毫怜悯。他同情穷苦人，尤其是农民，统治集团几经更迭，他们的命运却丝毫没有改变；他在《风波》里描述了这种纷乱的更迭，这个故事可视作是《阿Q正传》的背景介绍。在这个哀其不幸的人物身上，鲁迅真实地描写了他长久以来很抨击的劣性：可悲、可鄙、没有女人、没有一切，阿Q把自己的所有失败都变成精神胜利，闲游浪荡，欺软怕硬，在吵吵嚷嚷中遭到了灭顶之灾：尽管他没犯什么罪，却被杀了头，死时都不明白这次和从前是倒的什么霉。被人残酷地嘲笑，这是阿Q在整个故事里的痛苦；鲁迅对他的同情是明显的，他并不责备阿Q，而是责备整个社会把他弄成这样。鲁迅小说中几乎所有的人物——愚昧的农民、失意的知识分子、抽大烟者、乞丐——都和阿Q一样困惑、迷惑；经济状况和传统道德让他们无处可逃；有些人放弃了希望，有些人听天由命，几乎所有的抗争都无济于事，寻求虚妄想象的安慰，或求助于曾毁灭他们的迷信。这些牺牲者的软弱无力，半是纵容，半是顺从自己的不幸，这是鲁迅的短篇小说中绝望的特点。我说过，中国人把他比作高尔基，但我发现他更接近契诃夫。在情节安排方面，他很少紧凑安排。很显然，他认为事情就是那样构成的，它不让个人有丝毫得救的机会。这一结论并不是古板地陈述出来的，但读者能在鲁迅创造的呛人喉咙的窒息的气息中感受到这一点。通常，鲁迅是用明暗对照法刻画他的主要人物。在契诃夫的小说中，人们常发现有一个被认为是作者本人的叙述者，在旁边见证事情的发展：他仅是略有所知，但这使事情的发展更加有了深度，更加扑朔不定。这种远非停留在细节上的写作方法，能贴切地揭示内心活动：被描述的人往往是无名小辈，半信半疑，无法控制乖戾的境遇。通过对这些境遇的描述，鲁迅让读者看到了这些人物的内心世界；他从不使用带有分析意味的词语来挖掘人物的心理活动，但他却消灭了人物的内心世界与外部流露之间的所有距离。这并不意味着鲁迅在作品中没有自己的主观成分，事情远非如此；书中人物所处的情景让人无法忍受，这是因为人们时时感觉到作者有意识地为这些情景营造的氛围；或许有人会说，在鲁迅的作品中，主观因素随处可见。主观是他作品的一个基本层次，他不满意所谓社会主义者的现实主义伪装出来的客观公允；对他而言，感受觉悟这一世界并报道这世界的转变，更为重要。他这种谨严和缄默，可追究到更深层次的原因。鲁迅当时是顽固的悲观主义者，他认为，关于美好明天的幻想只不过是海市蜃楼罢了，不值得虚谈；而且，如果他那时开始写作，他的作品就会号召人们起来战斗，他因此也就不会相信将来是无可救药的黑暗；如果他写了，那是因为铁屋子并不是坚不可摧。他在《呐喊》的前言中提到了这些怀疑和希望：

> 是的，我虽然自有我的确信，然而说到希望，却是不能抹杀的，因为希望是在于将来……但既然是呐喊，则当然须听将令的了，所以我往往不恤用了曲笔，……那时的主将是不主张消极的。至于自己，却也并不愿将自以为苦的寂寞，再来传染给也如我那年青时候的正做着好梦的青年。这样说来，我的小说和艺术的距离之远，也就可想而知了……暂时还有读者，则究竟也仍然是高兴的。

确实，在他的两个故事中，鲁迅已经完全注入了不易被人们察觉的乐观主义的色彩。但是，他所认为的改变丝毫事实的看法，在他看来，却违背文学的要求：他认为艺术工作绝对是真诚的证明。他从来没有撤离这个阵地；他仍然需要革命；这就是人身上的矛盾冲突，带进坟墓都不会改变。

然而，他的悲观主义并不是无为的借口。在北京大学任教时，他关于中国小说的课程非常成功：讲堂里总是挤满了学生。他说话缓慢，从不提高嗓门，面无表情；他喜欢让别人笑起来但自己却从来不笑。在他声誉正隆时，他利用自己的影响来支持学生的反政府运动。他说，苟活是错的，因为看似活着，却快死了。年轻人必须冲破这古老的牢笼。昨天，他们只是参加了一次聚会，但许多学生挨了棍棒，有的甚至被打死了。

他的抗议，他的教学，他《语丝》上对右翼文学的攻击，还有他对政府的批评，这一切使鲁迅遭到了解雇，他的评论被禁止发表，他的名字上了黑名单。1926年，一些被怀疑与共产主义有瓜葛的教授遭到了迫害，鲁迅离开北京，南下避难。他在厦门教过一阵书，但并不喜欢那里。1927年，中山大学对他敞开了大门，他在广州安顿下来。1927年的动乱之后，他去了上海，在一位日本朋友家里躲藏了一段时间。

中国南方和国民党，代表着最后的、也是唯一的自由的营垒，代表着社会变革的一次机会。但是，随之而来的蒋介石的叛变，严重摧垮了这些仅存的希望。此时的鲁迅似乎完全陷入了绝望。他于1927年写道：

革命，反革命，不革命。

革命的被杀于反革命的。反革命的被杀于革命的。不革命的或当作革命的而被杀于反革命的，或当作反革命的而被杀于革命的，或并不当作什么而被杀于革命的或反革命的。

革命，革革命，革革革命，革革……

同年，他在《野草》中写道：

我的心也曾充满过血腥的歌声：血和铁，火焰和毒，恢复和报仇。……希望，希望，用这希望的盾，抗拒那空虚中暗夜的袭来，虽然盾后面也依然是空虚中的暗夜。然而就是如此，陆续地耗尽了我的青春。

我早先岂不知我的青春已经逝去了？但以为身外的青春固在……

然而现在何以如此寂寞？难道连身外的青春也都逝去，世上的青年也多衰老了么？

对于鲁迅来说，怀疑青年的作用，已经是达到了最后的最深层次的失望，因为他正是把所有的希望都寄托了在青年人身上。"救救孩子！"——这是他第一个短篇小说结尾的一句话。在另一篇小说《故乡》中，他希望年轻人"不愿意都如别人的辛苦恣睢而生活。他们应该有新的生活，为我们所未经生活过的。"因此，在思考年轻人的问题时，他又重新找到了对未来的信念。《野草》中有这样一段话：

青年的魂灵屹立在我眼前，他们已经粗暴了，或者将要粗暴了，然而我爱这些流血和隐痛的灵魂，因为他使我觉得是在人间，是在人间活着。

接下来，他为革命的英雄们表示歉意：

叛逆的猛士出于人间；他屹立着，洞见一切已得和现有的废墟和荒坟，记得一切深广和久远的苦痛，正视一切重叠淤积的凝血，深知一切已死，方生，将生和未生。他看透了造化的把戏；他将要起来使人类苏生，或者使人类灭尽，这些造物主的良民们。

造物主，怯懦者，羞惭了，于是伏藏。天地在猛士的眼中于是变色。

首先，他将反对虚伪者：

那些头上有各种旗帜，绣出各样好名称：慈善家，学者，文士，长者，青年，雅人，君子……头下有各样外套，绣出各式好花样：学问，道德，国粹，民意，逻辑，公义，东方文明……

但他举起了投枪。

他微笑，偏侧一掷，却正中了他们的心窝。

一切都颓然倒地；——然而只有一件外套，其中无物。无物之物已经脱走，得了胜利，因为他这时成了戕害慈善家

等类的罪人。

但他举起了投枪。

他在无物之阵中大踏步走，看见一式的点头，各种的旗帜，各样的外套……

但他举起了投枪。

他终于在无物之阵中老衰，寿终。他终于不是战士，但无物之物则是胜者。

至于当时的政治，鲁迅并没有放弃希望。但是，对于文学在革命中所起的作用，他却持非常怀疑的态度。他的《热风》里有这样的话：如果人类要前进，必须打倒从前的偶像。——但他不再认为作家能助一臂之力。

各种文学，都是应环境而产生的，推崇文艺的人，虽喜欢说文艺足以煽起风波来，但在事实上，却是政治先行，文艺后变。倘以为文艺可以改变环境，那是"唯心"之谈，事实的出现，并不如文学家所豫想。

他还说：

> **有实力的人并不开口，就杀人，被压迫的人讲几句话，写几个字，就要被杀；……猫的捕鼠，不声不响的是猫，吱吱叫喊的是老鼠。**

然而，当作家不再幻想书是一种有效的政治武器的同时，他并不鄙视文学的真正目标：真实地表达这个世界。确实，只有靠揭露行动来脱离行动，作家才能履行自己真正使命。鲁迅不再支持逃避主义，他说，有些作家退出了生活场景，热衷于养花弄草，谈鸟论花。但在他看来，文学是人们对于周遭生活的感受。但是，与唯美主义一样，无产阶级文学也是一个困境。他认为，如今一些所谓的革命者谈论战斗，谈论放眼未来。但是，只往别处看，却不着眼当前，是一种逃避。如果一个人没有勇气正视现实，那么，他怎能称得上是革命者呢？

他又认为，我们的革命作家害怕背后的鬼怪、旁边的恐惧，他们号召我们勇敢地直视前方，并且想大步跨越这一时刻：夹紧你的腿，闭紧你的眼睛，和革命的同伴们一起去打破纪录，赢得奖牌。别的，你什么也赢不到。

简言之，如果过多地赋予文学政治的功能，你就会失去两者。你写不出好书，也起不了什么作用。他认为，好的作品并不是写出来让人丈量的，不是压抑出来的，它们源自内心深处。革命需要革命者，倒不是那么急需革命文学。

在文学与革命之间，鲁迅最终选择了革命。他解释道，他那时终于认识到，将来完全取决于无产阶级。为了更好地为两者服务，他同意出任献身革命文学的左翼作家联盟主席。但是，有意思的是，从那时起，他就只写作论战的文章和翻译外国小说。他把普列汉诺夫、法捷耶夫、契诃夫、果戈理和巴罗哈介绍了给中国读者，他的翻译有足有厚厚的两大册；他没再写过小说和故事。

在所有其他作家中，茅盾与鲁迅最接近。如果把鲁迅的态度与他的态度相比，鲁迅的态度更为鲜明。他在1927年也经历了与鲁迅同样的幻灭。谈及蒋介石出卖中国前的那几年，他说，那时，看起来一个黄金时代似乎正在来临。那些事件驱散了我们的希望，我们的心头都被痛苦压得沉甸甸的。在他的小说《动摇》中，他描写了大屠杀的混乱局面和1927年革命的背叛，他评价他的另一篇小说《追求》时承认悲伤的夜幕笼罩着他自己；但是年轻人的不满，他们的沮丧，他们的寻找出路，他们所有作为的失败——这些是不争的客观事实。

一方面要痛斥社会疾病，一方面要指出改变这个局面的紧迫性，茅盾努力挣脱悲观主义的钳制。他认为自己已经经历了中国处于动荡时的种种困难，认为自己是生活中各种冲突和幻灭的牺牲品；这些冲突和幻灭以他为生，把他咬逼入悲观主义。他想做的，就是让那种糊涂和阴郁的生活有一缕光线。

这最后一步是鲁迅所未能尝试的。他能够对自己的疑虑缄口不言，搁置一旁，但却积极寄望于一个更美好的未来；对于希望他总是不肯多作肯定，唯恐那个希望不足以减轻他现在所感受到的痛苦。

1936年标志着一个时代的结束。中日战争爆发。1935年12月，毛泽东号召共产主义者采取统一战争的策略。各派作家决定联合起来。一些共产党员坚持认为只有无产阶级才是真正反对帝国主义的，因此文学应该继续站在阶级斗争的层面上；但是，绝大多数人选择团结。刚结束了在日本流放六年的郭沫若、茅盾和鲁迅等人是最先结盟的。鲁迅无条件地同意这一方针，因为他认为自己不仅仅是个作家，并且还是个中国人。鲁迅不久后死于肺结核，他给7岁的儿子留下的遗嘱中说，远离那些建议你容忍你的敌人的人。他的遗体任人凭吊，在下葬前三天里，前去吊唁的人达二万之众。他的死，拉下了“资产阶级文化”的帷幕。他的生活和生平就像反映一个阶级的一出戏，政治上的解放使得这个阶级所受到的经济上的迫害更无法忍受，这个阶级的胜利被阻挠，无助而又绝望，尽管还在婴儿期，就没有别的选择，只好弯腰退向一旁，看着无产阶级大步走向前。

1938年，“中华全国文艺界抗敌协会”成立。林语堂与郭沫若联合。老舍被提名为主席并且次年连任。（译注：中华全国文艺界抗敌协会成立于1938年3月27日，选出郭沫若、茅盾、老舍等45人为理事，周恩来为名誉理事，老舍负责主持日常工作）各派力量的联盟产生了几乎是独一无二的宣传文学。宣扬爱国主义的小说和戏剧大量涌现，比其他的书更有影响力，因为中国有百分之八十的人不识字。在这些人当中，郭沫若和曹禺创作了大量的话剧。

作家们散落四方。有的留在了国民党统治区，遭到了迫害。闻一多，这位新月社的象征主义作家，转变为共产主义者，在1946年遭到杀害。同一时期，茅盾在香港与一群共产党作家一起共事。许多知识分子汇聚在延安。毛泽东在1942年发表的《延安文艺座谈会上的讲话》标志着资产阶级文学的死亡。从那时起，关注的问题是创造人民的文化。社会主义的现实主义是得到认可的美学，主要的任务是在广度上普及文化而非在深度上提高其层次。

五四运动几乎过去了20年。我们很可能明白这一间隔太短暂了，所以不能开出俄国文学经历了一个世纪后开出的那样绚丽的花朵。传统文化和通俗文化的脱离，拒绝了中国文明的发展，使中国不可能产生出像莎士比亚和塞万提斯这样的大文豪。他们在资产阶级文化范围中所作的妥协不可能在这么短的时期内填补空缺。当这个新政权开始它的文化劳动时，背景和指南只能带来有趣的作品而没有伟大的传统。

1949年7月19日，全国文学艺术界联合会在北京成立，主席是郭沫若。副主席是周扬（译注：副主席还有茅盾等人），延安时代过来的共产党员。它的宗旨是“团结一切爱国的、民主的作家和艺术家，与全中国人民一道努力扫清帝国主义封建主义和官僚主义的残留影响”。在这个大组织下面产生了作家协会，由茅盾领导。1952年，召开了庆祝“延安文艺座谈会”十周年的大会，会上茅盾重申并使人们清楚认识到毛泽东在延安提出的论点：作家要为人民大众服务；要做到这一点，他必须重塑自己的思维习惯。作协的角色就是指导作家走马克思列宁主义路线，运用马克思列宁主义的观点，批判以前的和西方的文学。让我们先来看一下新中国是怎样重新评价它的旧文学的；然后，我们再来简单了解一下当今的文学创作给中国人提出了什么问题。

延安时期制定的新民主主义的方针在解放后也一直宣传：中国必须接受她的文化遗产。诗人冯至在1953年的作家代表大会上再一次重申：具体地说来，以前的小说和通俗故事，若有必要可进行修订，必须得到传播。同年，周扬也宣布，对我们民族艺术遗产的恢复和系统研究是我们工作中的关键因素之一，因为它有关于文学，有关于艺术。《光明日报》的副刊《文学遗产》就是针对这一任务的。文化部还成立了文学研究处，用马克思列宁主义的观点分析西方的和古代的文学。让那些反对派吃惊的是，他们原以为共产主义意味着倒退到蒙昧时代，政府下令不加删节，重印一些著名小说的全本，先是《红楼梦》，后是《水浒》和《三国演义》。1954年，一个代表所有文学社团的委员会决定纪念《儒林外史》作者吴敬梓200周年诞辰，和写杨贵妃爱情故事的洪昇250周年诞辰。冯雪峰，当今的官方评论家，声称社会主义的现实主义并不排斥浪漫主义，让文学苍白没有生气，屈原和杜甫的诗歌重新出版，并把它们视为表现了对人民深深的爱这样的作品献给读者。以前的文学作品不仅在中国上下重新活跃起来，它们还被翻译成英语散发到亚洲的每一个角落。我因此而能读到有关重印书目的大量评论；这就是他们的大趋势。

过去的作品免不了有着那个时代所具有的缺陷性和盲点，但也有些作品超越了它们所处的那个时代；不是公开反抗压迫，就是至少批评了当时的社会。从辩证的角度来看，它们表现了事实，也许并不完整，但却是积极的。创造这些作品的艺术家们所处的境遇反映了这种暧昧。例如，杜甫，出生于贵族家庭，但是，他的父亲，虽是为官却清贫一生，杜甫自己也生活在贫困之中，这使得他能够了解农民们的困苦，同情他们的反抗。阮籍也是同样的故事。他是三世纪时的一位诗人，是与所有统治阶级不相容的现实主义流派的信徒：阮籍的无政府主义反映了人们反抗暴君的斗争。

有三篇评论让我觉得特别有意义。《中国文学》登了一篇司马迁《史记》的节译,《史记》记述了中国上下三千年的历史。批评家认为,很显然值得称赞的是司马迁作品的科学价值和重要性,以及他的文学天赋,但更值得敬佩的是他抨击那些暴君,并且与那些反抗暴君的英雄们站在一边。他同情劳动人民,痛恨剥削者;他并不是用封建的道德标准来评论他的中心人物,他颂扬他们为人民的保卫者。作为作家,他非常擅长在个人群体中塑造典型人物,这就是社会主义的现实主义所呼唤的。

同一篇评论的另外一个话题是评述《长生殿》的某些场景或片断。这出戏是关于唐明皇和杨贵妃的爱情悲剧。评论家批评剧作家不恰当地在处理他们相互依恋时,过多的同情是不恰当的,但是,他热情赞扬剧作家对封建统治者纵欲骄奢的鞭挞:美艳的杨贵妃喜欢吃一种稀罕的热带水果,竟每年花费无数,派钦差从南方运来。在抨击达官贵族的同时,这出戏也讴歌了农民及普通大众的正直善良。

吴敬梓的《儒林外史》写于18世纪中期。作者出生于统治阶级，他的家境其时已开始衰落，日见贫困，这使得作者能够刻画他所处时代的官僚们的堕落和政治机构的腐败。在《中国小说史略》中，鲁迅认为社会讽刺小说当属《儒林外史》，而且无人能出其右。吴敬梓一生穷愁潦倒，甚至被迫卖掉藏书以求温饱。有时窘迫到身无分文，全靠朋友的接济才得以渡过难关。他的现实主义来自他所经历的世态炎凉。由于一事无成，他曾想过要踏上仕途，但是，作为一个有独立思想和精神的人，他不屑于跻身于压制抱负的科举考试，他情愿安于贫寒。他同情过去的大家庭，尊崇儒家美德；然而，这些并没有传递一种保守的倾向：那些大家庭，从汉人的明朝时就存在了；而那些暴发户，则是在满族手下聚敛钱财。由此可见，作者的态度是民族主义的，而不是反革命的。

我个人认为，批评家对后两部作品的评论似乎走上了歧途。在《长生殿》中，剧作家对这对宫廷情人的同情是显而易见的，而对社会的批评则是附带的。《儒林外史》无疑是部讽刺小说，但是它的针对性却不像评论家要我们相信的那样明确：吴敬梓的讽刺经常是暧昧的，我注意到某些章节中冷漠和麻木。

围绕着《水浒传》展开了认真的讨论。在胡適看来，这是个关于一群强盗的故事；而在共产党看来，这些亡命之徒都是反抗社会秩序的大众英雄。同样地，《西游记》被认为不仅仅是一次充满浪漫色彩的冒险；作者让我们看到在反抗统治阶级时被压制蹂躏的人们，“猴王”一角更让我们认识到这一点，妇孺皆知的《大闹天宫》就是取材于此。

但是，在对过去文学的复兴和重估中，最引人注目的章节莫过于《红楼梦》。这部近百万字的长篇巨著是从18世纪写起。通过讲述一个大家庭的兴衰，小说描绘了地主官僚阶级的堕落，因此预见了封建秩序的灭亡。书中的主角是一对情人。他们反抗旧制度，他们相爱，确切地说，是因为他们都向往一个更美好的世界；但是，他们的希望破灭了，旧制度摧毁了他们。清朝官员查禁了此书，认为它是煽动之作。但是，正因为如此，这本书在1917年后大为流行；无数的文章评论研究《红楼梦》，并因此而产生了“红学”。胡适欣赏这部用通俗语言写成的小说，他称赞小说的自然主义，但他并没有把这部作品看成是社会批评或是革命的。他的信徒之一，俞平伯教授在1923年发表了一组关于《红楼梦》的文章。1950年，《红楼梦》再次得到重印，出版者把俞平伯的那些文章作为该书的前言一同出版，并提醒读者，这些对

《红楼梦》的研究纯粹是从文学的立场出发。确实，俞平伯没有赋予《红楼梦》任何社会隐喻。他认为，作为一种风俗小说，《红楼梦》的自然主义的描写，让人想起明朝时的色情小说《金瓶梅》。此外，俞平伯还觉察到其中的道家意味，认为其中心点可以是"爱是一场虚妄的梦"；相关的事件只不过是在诠释这一主题，暗含着道家的观点梦幻与现实犹如波浪般起伏不定，难以界定，人们的所经历的一切都飘浮在雾中。

俞平伯的作品取得了非常大的成功，先后再版六次，印数达25 000册。（原注：这一数字比我在后文提到的要小些，但是仅对于某一部作品所作的文学批评能达到此印数，实在值得称道）《文学评论》是这方面最重要的刊物，其中的几篇评论对俞平伯的文章评价很高。

但是，1954年山东大学出版的一份学报刊登了两位学生写的文章，尖刻地批评俞平伯的书，《文艺报》转载了他们的这篇文章，但是在文章前附了官方批评家冯雪峰的一段显而易见是谨慎的评论。这两位学生又写了一篇新的文章，寄给《光明日报》的文学副刊，文章抨击俞平伯的阐释，他们认为这种解释完全是继承了胡适的理想主义。尽管有着虚无主义的倾向和对自

晚年的萨特和波伏娃

己所属阶级的恋恋不舍，《红楼梦》的作者——这就是他们的观点——创作了这部有深刻的现实主义的作品，他描写了贵族阶层的分崩离析；他并不祈愿遁入梦幻，而是向封建主义开战；他们的结论是：两位主人公的爱有着真正的革命的东西。

这种各持己见的争论对我们并不陌生：在法国，左派和右派曾激烈论战，比如说，司汤达尔中的败笔。而这一事件的不同寻常之处，在于它所蕴含的社会和政治意义，以及它所带来的广泛波及。

第二篇文章发表两星期后，《人民日报》介入了争论。那是1954年10月23日，作家协会计划召开文学代表大会的前夜。《人民日报》认可了两位学生所持的观点，提起了俞平伯在1925年所写的一篇文章，俞平伯在文章中声称文学只不过是个人的欣赏品位问题。《人民日报》指责俞教授的理想主义和主观主义，并且还加上一句欢迎公众参加讨论，所有的知识分子都被请入这场辩论。"我们必须，"社论结尾这样写道："纯洁文学研究中的主观主义和资产阶级意识，学会运用马克思主义的方法和观点。"第二天召开的代表大会回应了这些辩论。郭沫若以及那些最重要的批评家也一同谴责俞平伯的理想主义。《人民日报》严厉批评《文艺报》对俞平伯的赞扬和对他的反对派的冷待。《人民日报》还趁此机会指责《文艺报》的其他旧账：出版了太多持资产阶级态度的知名作家的文章，不理睬从马克思主义观点写作的青年作者。事情变得复杂了。周汝昌很久以前在鲁迅的影响下写过一本关于《红楼梦》的书，他也攻击《文艺报》，其他一些人也如此。郭沫若在1954年11月8日出版的一份访谈中声称："这不仅仅是一个人或一本书的问题。这涉及到马克思主义与理想主义思想之间的意识形态的斗争。"冯雪峰在评论中作了自我批评；他承认两位学生的看法是正确的。11月23日，作协又一次批判了俞平伯的书，而俞平伯也在会上承认了自己的错误。

那两位学生——李希凡和蓝翎——两人都是山东大学的毕业生，那时都已工作，一个是在文学研究所，另一个任教于某速成学校。他们受到了欢呼喝彩，但也同样受到责备，因为他们把《红楼梦》的主角贾宝玉当偶像崇拜；代表大会一致认为，贾宝玉诚然反叛社会秩序，但是，由于出生于封建家庭，他的反抗是不彻底的：它揭示了一种消极的虚无的转变。进一步的热烈讨论提出了这样一个问题：《红楼梦》真的宣告了中国资本主义的诞生吗？抑或它仅仅预示着一个阶级的分化瓦解？

关于这一事件的深远后果，我将在后文加以讨论。人们只能悲叹这些官方声明所起的作用，它们的武断教条，以及公众要求俞教授收回其观点。无论我们怎样厌恶这一事件中所显示出的重压，我们不应该误解这个政权对过去的文学所采取的立场和姿态。政权极珍视它的文学宝藏；这是事关中国文化的未来重要事实。必须指出的是，中国的贾宝玉与法国的于连一样，是人们激烈讨论的话题。拯救过去无疑会导致牵强的解释；批评家不能抵制住诱惑，窜改作品的原意，找出证据以符合现在的期望。批评家萨放（Sa Fang，音译）最近抗议他称之为的“断章取义癖”：拐弯抹角地找出几个别扭的词句，以证明作者仇恨封建主义，这是不够的；应该全面看待所作的作品。陆定一在1956年5月的一次讲话中讨论了民族遗产的关系，并指出两种错误的倾向：首先，有价值的作品往往会因为一支笔漫不经心的一勾而遭到封杀，这种做法太普遍了。另一种倾向，虽然不常有，但也不是不普通，那就是，文化遗产的缺陷总是被虚饰粉刷，这也是一种不容忽视的滥用模式：由于从前在中国婚姻不能自由，因此，人们很容易地给任何爱情故事挂上谴责旧封建主义的牌子。但这是次要的；重要的问题是要让大家读上过去的经典之作。我不会责怪那些评注家简写了那些巨著。

许多读者完全缺乏背景知识，而这些旧时的伟大作品往往难读懂，让人为难，如果没人给他们指点的话；绝对有必要解释他们。在数以百万计的人们刚开始接受教育时，过多谈论微妙的、难以捉摸的话题只会有害而无益：解释必须简单无争议，当他们的心灵获取了今日所奠定的文化基础，方可进行争论。

很显然，政权唯一的或主要的目的，不是传播古代文化，而是鼓励和繁荣反映新社会的当今文学。这个雄心究竟实现了多少呢？

共产党对旧社会知识分子的政治是不让他们撒手不管放任自流。他们都给安排了合适的工作，有些还担任负责职务，没有工作的也作了安置，实在不行，给予他们救助。另一方面，新的知识分子也无生计之忧。总的说来，中国作家从来没有过上过物质那么富足的生活。教育的普及使他们的读者成倍增加。北京新增开的书店不计其数，公园里随处可见各种书报亭；人们，尤其是年轻人们，经常在商店里或站在书摊旁浏览几个小时，法国的学生也经常在歌剧院的连拱廊看书。中国有90家出版社；出版5万种图书也是寻常事。刘少奇的《论共产党员的修养》印了

250万册。胡乔木的《中国共产党三十年》卖出了400万册。丁玲和周立波的小说(他们两人都曾获得斯大林奖)印数达50万，书的价钱取决于书的厚薄：1元至1.2元，作者的版税从百分之十到百分之十五不等，收入也许非常可观；确实很高，尽管政府还未宣布平均主义，但也考虑对此应作此限制。再者，如果作家希望旅游、做研究，如果他需要额外的时间研究或创作，如果他需要医疗保健，各种福利他都可以享受。这种优惠待遇是需要付出的：在中国，得到就必须付出；作家应该提供服务，拥有某些特权，他要承诺有求必应。各种会议要他出席；青少年、农民刚开始读书，他们需要通俗易懂的书，必须指教和辅导年轻的作家，这一任务落到了年长者的身上，作家们必须时刻准备着以这样或那样的形式参与教育中国人。周恩来甚至在他1956年的讲话中指出对作家的要求实在过高了：他要求他们的社会工作减至目前的六分之一，即减至8小时，工人每星期必须工作48小时。

另一方面，他们的创作条件也非常苛刻。要对大众讲话，要用文字描写他们，作家必须了解他们。大多数中国知识分子都与我们一样，是资产阶级出身。到工厂和农村体验生活，应大力提倡；在基层待一段时间，并不像某些新闻记者影射的那样是强制的。首先，没人强迫他们写作；作家自己决定下一本新书写什么。真实的情况是，作协根据文化部的要求，呼吁作者们关注现实生活：比如说现在，需要大量反映合作社和集体化运动的作品。没人强迫谁接受这些任务，但是由于我前面提到的那种承诺，作家会尽力满足上面的要求，而要达到这种要求，在工厂和农村体验生活是非常必要的。陈女士最近告诉了我她的文学创作历程：她的例子能告诉我们作者还剩下多少创作性，而他所作的选择又是如何受到外界压力的影响。

她解放后出版的第一部作品与任何政府工程无关：她只是想单纯地写本书，就这么回事。她以小说的形式讲述了自己的青年、自己所受的教育、抗日战争期间自己的思想演变，以及追随共产主义后所经历的道德危机。那本书写就后，她在大学里教了一年书，又想再写一本。与丁玲和周立波一样，她也积极参与土地改革；作家们被要求讲述这种巨大变化所带来的种种影响，并且诠释其中的意义；她说，她参加这种社会活动，既是出于自己高兴，也是为了履行服务。那时，她想到描写纺织厂女工的生活，而且还在一家织布厂的工会办公室担任了几个月的职务。后来，她感到对此没有深入的领悟，没有灵感，便放弃了这个计划。

她在产茶的杭州长大，她认为，熟悉那里的农民生活是件更容易的事：因此她在农村待了两年，积极参加合作社的工作，与农民们成为熟悉的朋友；她急切地写出了《春茶》，这就是我在中国期间正在忙的事。

这种工作条件，是否让灵感有自由发挥的空间呢？然而，我们的评论家经常为过去某些应景之作尽力辩护；我们经常听到他们争论说，需要是发明之母，一篇文章、一幅画、一个讲演，虽然受人之托，并非没有自然优雅的流露。确实，埃斯特（Esther）和艾思雷（Athalie）、巴赫（Bach）、丁托列托（Tintoretto）都是再恰当不过的证据：布置的任务也一样能创造出杰出的作品。甚至指定主题也不一定就会把作家的作品降至平庸。

更有害的是：事先规定以何种方种处理这些主题。但在深入这个问题之前，我看来有必要先澄清一件事。吉尔连歪曲事实，他断言，作协像暴君一样控制着作家们。出于义愤，他举了个年轻作家的例子：有人在读了他的稿件后，建议他少渲染农艺学，多关注人类的问题——这个建议，在我看来是非常明智的。写作需要学习，我并不觉得帮助新手有什么荒谬。在今天的中国，有无数年轻的工人、士兵、农民，他们想要表达自己却没有恰当的方法：工厂和军队里的作家小组的工作，就是教会他们、指导他们。在作协下面，成立了一个中央文学研究所，主要目的就是帮助初学者掌握必要的文化背景和知识背景，发挥他们的才能——如果他们有的话：我们自己资产阶级年轻人在中小学和大学里也学习类似课程。吉尔连是不是没有意识到，在法国、美国，一个青年作家首次投稿就被采用算是够走运的？几乎很少例外，他要增删、补充或重写部分文章；出版商或校对人员会叫他这样做。在美国，则是由代理人来做。我发现，年轻作家得到专业作家的指教，而不是书商的指教，这在中国，并不是件不光彩的事。

至于那些功成名就的作家，作协并不干预他们的创作。没有任何预防性的审查。书籍一经出版发行，如果说有与宪法或法律有抵触的地方，会成立一个临时的裁决委员会，作家们担任委员，裁定这本书是否应该取缔。但是，此类事件很少发生。出版社和杂志编辑在选材时不受任何官方控制的禁锢，所受的影响来自于这些书刊所引来的反对或谴责之声，以及它们要受到批评家攻击的严峻局面。1951年，19世纪一位著名人物武训的生平事迹，被搬上了银幕，电影把武训重现为一个革命英雄，评论家们对编剧和导演大加赞扬。接着,《文学评论》和《人民日报》的社论突然宣布,现实生活中的武训是封建势力的走狗,他所谓无私助人其实是借高利贷给农民；他修建学校,这是不争的事实,但这是为了宣扬反革命思想；他忠心耿耿地为地主的利益卖命。影片的编导们被指责伪造历史；知识分子们被严厉批评为卷入这场造假的同谋。很明显,如果存在审查的话,这部电影就不可能在影院放映,无数赞扬它的文章就不可能面世。同样,如果对俞平伯的研究采取书刊审查,《红楼梦》事件就不会发生。

上述一切足以表明,在今天的中国,不是谁都可以胡乱发表文章的。新闻检查来自于党的报界、作协、文化部。大的评论刊物和大的杂志言论举足轻重,出版社尽量避免成为它们发怒的目标。作者唯恐招致什么批评,在他的作品中小心迈步；谨慎地开辟出一条"路线"。仔细研究新的中国文学,西方读者注意到的首要特点是其雷同性。

要扫除这种雷同并不难。然而,我们最好不要忽视这样一个事实：中国的情形与法国不同,因此,我们并没有什么理由骄傲；我们有两种文学：一种是让·波让(译注：让·波让,Jean Paulhan,法国当代小说家、诗人、评论家)读的文学,另一种是成千上万的法国人喜欢读的文学，从《忏悔录》到喜剧《法国之夜》，到侦探故事，到《汤普逊上校的手记》。一种文学追求质量，另一种文学杂糅了所有的世俗热点；再明显不过的是，作家们为“一个大市场”在劳作，早已与所有自由吻别了：他们迎合那些老一套故事和黄色杂志编辑的口味，用的是那些错不了的公式和偏见；至于消费这些产品的公众，他们非但没有任何智力上的长进，反而吸收了许多把他们弄得昏昏沉沉的东西。两种明显不同的读者群、两种写作追求，需要做两种不同的工作。中国的情形并非如此。这里的问题是创造出一种文学，它既是通俗的，又是有文化价值的。这项任务，与资产阶级作家设想的完全不一样，不能用西方的标准来判断。很显然，它并不赞成出现一个普鲁斯特或卡夫卡。但是，另一方面，周立波的《暴风骤雨》共印了50万册，其写作不仅远比米奇·斯皮兰尼（Mickey Spillane）的优秀，而且还超过了我们资产阶级月刊所选出的十大畅销书，《贾拉斯》（*Jalnas*）和《白衣人》名列榜首。

出版界的情形也同样见于文学界：由于问题的关键是教育文盲大众，迫切需要某种程度的政府控制。西蒙娜·韦伊（Simone Weil）被怀疑同情独裁政权，她想看到对公众撒谎的作者被审判有罪；她认为，智力欺瞒和毒死病人或造一座注定要倒塌的桥一样，是非常严重的事。即使是在我们这样一个相对文明的社会里，人们也往往相信他们所读到的铅字。中国人刚刚睁开眼睛看文化，对他们来说，解读一篇文章与变魔术一样困难，把每个字都当作福音：他不能找出错误，就像他不能发现水中有霍乱细菌一样，政权保证他得到全面健康的膳食。面对着有经验的公众时，作家应该呈现给他的读者这世界的复杂性和不确定性，应该深究这个世界并且批评它：但如果他的读者还不具备分辨和挑战能力时，关于复杂性的论述只会给他们泼一头雾水。愚昧、迷信、偏见，对于这样的人们，首先需要的是理解的工具，也就是说，需要一个关于世界的清晰图像。在这一阶段，清楚和简单应该手拉手，那七种暧昧得等到明天。简单没必要成为真实的敌人：要让两者和解——这也许是艺术家最艰巨的任务。不幸的，早先由毛泽东提议的指令已经发出许多新枝，有了许多规定，且不利于文学的真诚。周扬明智地提出作家需要自由地选择题材和写作方法，但他后来又改变了这一态度，认为作者必须描写英雄人物，并且要去掉他们身上那些不具英雄色彩的方面——这等于形成了一种学院风气。我承认，在一个全面面向未来的社会里，在塑造一种新的人物的过程中，文学应该表现这种迈步向前，重现“正面英雄”；但是，令人遗憾的是，否认他们身上可能的缺点，也就否认了他们的真实性，结果造成许多陈词滥调。陈女士告诉我她的自传体小说遭到了评论家们的冷遇，他们觉得女主人公的思想转变太犹豫不决了：应该在一声雷响之后就皈依共产主义。这本书没有重印。然而，读者写信给新闻界，抗议这种严厉的做法。1953年的作家代表大会为这本书作了辩护，后来得到再版。1952年，《文学评论》连续刊登了苏联关于“冲突的缺乏”的著名讨论，茅盾提醒作家们这很重要，情节应该充满紧张和对立，并且要深入挖掘。他认为，许多小说家满足于在表面溜冰，其结果是，这些作家变得有钱了，而复杂的社会现象却变成了单调的片面的事件，干巴巴，老一套。他公开宣称：英雄人物没有了性格，萎缩的人物框架不能传递任何意识形态的信息，从长远来看，都是些偶然，是马克思批评的那种偶像——这种神化的和拉斐尔式的人物刻画会失去描写是真实性。我们书中的英雄既不生动也不鲜明，是没有生气的木偶，乏味至极。但是，在茅盾的这些中肯的话语之后却跟了一段令人为难的结尾，要使英雄人物更真实就要把他们塑造得更英雄。他认为，必须要求作家的努力集中在人物问题上，尤其是创作正面人物……必须更有力地描写他们，给我们比现实生活中更综合的、更典型的、更理想的、更鲜活的人物形象。

这种理想完美的正面人物形象，是当代中国文学最不好的特点。茅盾也许会毫不留情地宣称："我们的艺术和意识形态层次还不够高。"但是，这不会得到提高，除非——正如他在另一篇文章中指出的那样——正视现实，英雄人物的现实，挖掘其复杂性和暧昧。这就是他关于小说创作情形的建议——不能过于简单化——但他没有扩大到小说人物的塑造，结果造成出版的许多书都是说教，无论是在艺术方面，还是在意识形态方面，都不能让人信服。我读过的许多小说告诉我，它们的史料价值是不容置疑的；尽管它们的斗争冲突流于浮浅，但至少得到了注意。两代人之间发生冲突的问题是婚姻自由、宗教、妇女参加工作、新的农业耕作方法；夫妻间的对立，经常是一个满脑子封建思想的丈夫和一个要求进步的妻子；年轻农村姑娘常碰到的问题是：她渴望受教育，而农村家中的杂活却离不开她；工厂里的矛盾是时常想着五年计划的经理和被他逼得太苦的工人们；商店的负责人追求数量，而检查者则强调质量，坚决拒绝粗劣商品入店——

这些主题，总的说来，比资产阶级文学描写的那些要有趣得多。但是，过多的乐观主义损伤了这些故事的魅力。我特别注意到，在大多数小说中，批评和讲述消极的前半部分，往往比把什么事情都解决了的后半部分要好得多。在丁玲的《太阳照在桑干河上》和周立波的《暴风骤雨》中，先是对即将开展土地改革的村庄的描写；村民们就像他们生活中的样子，虽然突然之间得到了自由，他们仍然陷在过去的泥沼里，胆怯地张望着未来：有些好人，有些坏人，有些是不好不坏的人。这些动摇不定、稀里糊涂的人，虽然心地善良却犹豫不决。有些人虽然头脑清楚却胆小怕事；他们挣扎在环境和自己内心世界形成的泥塘中。他们的真实性和人物的塑造非常真实可信。突然之间，"正面人物"走进画面。一个党员游刃有余地解决了所有困难，这真让人惊讶。草明的《原动力》也是同样的情况。故事发生在东北；日本人和国民党要破坏电厂，工人们试图让工厂恢复供电。他们寄望于一个夸夸其谈但却没有实际能力的家伙，捅了许多漏子，差点酿成大祸。读者开始对此有了兴趣。后来，一个共产党员来了，一动手就修好了所有的东西。在《平原烈火》中，读者被这个早期游击队抗击日本人的故事深深地吸引住了：指挥者的摸索打法、某些士兵铸成的大错、他们的进步、他们的挫折——这些引起了大家的兴趣；但是到结尾，小说失败于百分之百的英雄主义。我把我的看法告诉了一些我碰到的作家，也告诉了茅盾本人，大家都同意我的异议很有道理。他们谦虚地说，他们的文学还在探索道路，创作出令人满意的作品还需要一段时间。然而，他们并不考虑任何指导思想上的改变。他们也许认为公众还没成熟到可以理解微妙细腻的文学作品。或者他们也许意识到还有另外一个困难，且更严重，要几年之后才能解决。自然主义与社会主义现实主义的主要区别在于：前者呈现一个停滞的世界场景，而后者反映一个一直在运动变化的世界。但是，如果作者不深入活跃变化的生活，他怎能描绘生活的变迁呢？即使他在工人和农民中生活数月，他并没有成为其中的一分子：你不可能既和他们打成一片，同时又与他们保持一定的距离；你要么完全处于他们的情景中，要么根本毫不相干。写作并不是登记你在工厂所看到的一切，它只是让你多一种经历和体验。如果不深入讨论这个复杂的主观问题，人们可以断言：这种了解工厂农村情况的做法，从实际的来讲，远不足以弥补作家与大众之间的差距。丁玲在《生活与文学创作》中讨论过这个问题。文章开始时，她引用某些作家对他说的话。

他们告诉我，托尔斯泰、契诃夫、曹雪芹写出了经典之作，一方面是因为有天才，一方面是因为有生活在所描写人物中间的优势……“今天的作家为谁说话？”我的同志问我。“为工人、农民、士兵和英雄们说话，但我们相距太远，作家必须生活在他们中间，如果他想知道他们喜欢什么，想说些什么。他开始写作时就急切地寻找及模型。在与他们的短暂相处中，他确实能知道他们的面孔，但仅此而已。回到家里他是被一群资产阶级出身的知识分子包围着……”

——《中国文学》1954年第3期

丁玲承认，这样的工作条件是不利于创作的。《平原烈火》的作者是一位与日本人作战十年之久的党员，讲述的实际上就是他自己的故事，而且写得不错。他在朝鲜待了一年，回来后写了不少故事，却不怎么好。丁玲认为，作家必须一直深入社会主义建设，而不应该是对某些生活领域做些浮光掠影的研究，否则这些领域对他来说仍然是陌生的。“体验生活意味着全部的投入，并参与其斗争。”仅仅是因为想写某一题材才对它产生兴趣，定好选题之后再收集素材，这种着手方式是非常糟糕的；作家必须真正生活在群众中，实实在在地分享他们的生活，与他们的未来息息相关。丁玲很清楚，如果不成为自己的亲身经历，那么她很难做到真正有意义的交流，丁玲自己长期从事革命战争，她的丈夫被国民党杀害，她本人也被关进监狱。后来，作为延安的一名党员，她积极地参加土地改革后，切实地生活在人民中。但她并没有指出，今天的作家应该怎样做才能忘掉自我。时代不同了，对知识分子来说，唯一有意义且做得到的事情就是写作了。更长时间地在乡村或工厂蹲点，与工人或农民一起生活，这永远都只是一种发现生活的姿态，而非过这种生活。虽然在理论上很全面，但丁玲的建议若在实际执行中却会变得十分模糊。茅盾也提出过同样的观点：作家肯定必须亲自深入火热的斗争，他不应该只知道做一个旁观者。但是，茅盾提出的解决方法——工厂的烟灰，乡村的泥土，在经验的基础上培养一种实在的马克思列宁主义的批评才智，通过真正的革命热情把它带入中国——既不精确也不充分。人们也许会合情合理地认为，如果作家把自己局限在“深入群众”，作家力图表现他们的努力就白费了。因此，作家有必要来自生活。从普通民众中，涌现出了一批青年作家；问题在于，除了极少数的例外，他们还谈不上是真正的作家：缺乏传统感，缺乏自信，缺乏语言驾驭能力，他们只好瞪着空白的稿纸发呆，他们像所有没多少文化的人一样，突然之间感到孤独无助，唯一回避的方法是抱残守缺，墨守成规。有一点，现在很明显，而且也许暂时不可避免，那就是内容与形式的脱离：老一辈人有资质但没有生活的体验，而体现历史发展运动的年轻人却缺乏技巧和知识。中国的文学终有一天会填好这个裂口的；当工人和农民对文化不再感到陌生，当语言不再吓倒他们，这一天就到来。他们将能够自由地表达自己。同时，文学不可能仅仅是"文学前"；这就是毛泽东在延安所预见的，当时他说，除非文化首先在广度上得到普及，并在四处扎根，否则，文化水平不会提高。

我们借这个阵地，对中国的艺术家指指点点，指责中国在文化方面的努力，然后说他的西方同样自由，更加自由，这样的做法是很不诚实的。我们的准自由主义也暗示鄙视人民大众，民众任由那些印书的奸商宰割处置。值得注意的是，绝大多数中国知识分子团结聚集在了政权下，许多人还非常积极活跃。有些逃到了台湾、香港和美国，但只是极少数。那些留在中国、政权让他们干工作的人，用周恩来的话说大都有“复杂的历史背景”，有些人曾公开反对过共产党。然而，在1956年1月的报告中，周恩来估计他们十个中有四个是进步的，拥护社会主义的；另外四个得到妥善安置，本本分分地做好自己的工作，虽然他们的政治态度不冷不热；约超过百分之十的人是开倒车的；有一小部分人是坚决的反革命。人们似乎可以在要求进步的人中找出那个时期最优秀的作家。上海的传教士，以及那些对马克思主义者没有任何好感的人认为，1949年前后中国文学中，最著名的当属郭沫若、茅盾、巴金、老舍、曹禺、丁玲：他们都属于今天的作家协会。那时，巴金、老舍和曹禺都不是党员；1946年，老舍和曹禺在美国访问，而且可以待在那儿；巴金也可以离开中国。事实是，他们从未觉得有必要这样做；他们坚定不移地拥护政权，用自己的笔为它服务。反对革命的人对此颇感疑惑，他们与《证明》（原注：《证明》，“文学自由”派在巴黎出版的文学评论）的编辑们一起找寻心理线索，并试图作出解释，但反而揭示出他们对这一形势的根本误解。西方知识分子认为理所当然的“作家的自由”在中国根本不存在。被清朝统治者迫害，被蒋介石迫害、监禁、流放、枪毙、砍头、活埋，中国作家长久以来把文学视为一种战斗的形式，非常危险。即使他们不被逮捕，他们时时为无成效而苦恼。“我们那时非常孤独，我们的声音没有回响，或是真有回响也微弱得无法听见，”他们都这样对人说。“人们现在知道为谁而写作。我们收到读者的来信，我们的作品，无论受欢迎也好，受冷遇也好，在我们与公众之间存在着对话渠道。这就是极大的鼓舞。”与公众接触可能会造成千篇一律；但仍然非常有触动。我们前面看到，在1936年时当这个创作还不是社会主义的问题时，而是民族存亡的问题时，每个作家，即使是最轻浮的作家，都跳进了这场争论。并不是共产主义让他们放弃自己的独立，但至少部分原因如此。做点什么的欲望在他们心中一直占据着坚不可摧的地位，他们也从不会弄错恩惠的自由。从前，他们帮助抗日，现在，他们在帮助建设社会主义，他们相信，他们这次所做的与以往任何一次一样，是作家的使命使然。

我并没有说，他们在社会责任与纯美学的关注之间的调和不够耐心。1954年，老舍在提到他的一部戏时写道，他很高兴这出戏这么受欢迎，为宣传婚姻自由作出了点贡献，但他并不认为这是部艺术作品，巴金坦言不知如何按照特许的风格去描写书中的主人公。茅盾很愿意在空闲时间写作，可文化部长一职根本没给他留什么写作时间。无疑，作家们都觉察到现今中国文学的弱点，但与大家一样，他们相信未来能带来的一切。

实事求是地讲，他们的希望并不是没有根据，尤其是路线在1956年春天发生的改变。陆定一的讲话是个转折点，也给文学和意识形态松了绑。不同流派的相互竞争表明，社会主义的现实主义不再是唯一允许的美学追求。陆定一指出，认为它是最好的，但也还有其他的创作方法。作家可以自己选择他喜欢的风格，只是他是为工人、农民和士兵而写。作家可以写新社会和正面人物，也可以写旧社会和反面人物；他们可以写不真实的——天堂里的神仙、会讲话的动物；题材可以多种多样；至于美学理论，各种看法都是允许的，文人学者们应该自由探讨。

在人民代表大会第三次会议上，茅盾详细谈了“百花齐放，百家争鸣”他说：

我们认为，按照“百家争鸣”的方针，就应当容许文艺上有不同的派别，而且通过自由讨论、互相竞争，来考验它们的存在的价值。我们相信社会主义现实主义的创作方法最善于从真实地反映现实中间指出社会发展的规律，因而是最

进步的创作方法；我们提倡而且宣传社会主义现实主义的创作方法，然而我们同时也坚决主张作家们在选择他的创作方法这一个问题上，应当有完全的自由，即应当根据自愿的原则，社会主义现实主义文艺的胜利，应当依靠更多更好的作品来取得，而不应该依靠其他的人为的方法。至于文艺理论上和创作上的一些至今纷争未决的问题，古典文学研究中对于某一时代、某一派别、某一作家的评价，就完全应当采取自由讨论的方式，既不应强求一致，也不必匆促地作出结论。

茅盾主张一种不那么简单粗暴、没有说教式很强的批评方式：批评家应该具体分析文学作品，而不是从马克思那里摘录一些词句来呛人，也不是强行给作家贴标签。至于作者，他们把自己局限在狭窄的主题。同一题材，从同一角度描写，因此，会造成中国文学十分单调雷同。事实上，“每一生活侧面的真实都会激发出艺术。”作家们不应该相互模仿，而必须创造出一种气候，“每个人都感到要创新。”

认为这些新的指示是一夜之间产生文学名著所需要的一切，恐怕这是期望过高。要求文学产生直接效果的指令还在起作用，而且它肯定会损害一本书的丰富和真诚。自相矛盾的是，正是这功能的重要性弄贫了当代的中国文学。对此，我已经谈论了许多：暂时无法改变技巧，上层建筑被当成改变下层建筑的一种途径。文学发现自己与经济指数签署了合作协定。1955年，“到乡间去！”的口号调动了作家为合作化运动助威呐喊。如果那时已经实现了农业机械化，那就没有必要多费笔墨去宣传了，但那时缺乏拖拉机，文学要求去平缓这一局面。在中国，文学的实际作用远比任何一个国家的都重要——其结果是，文学必须经常为非文化的目的服务。

究竟是什么使人们预见美好的日子：目前中国的经济正经历着短缺和急需，一旦这个阶段过去，文学将会在真正意义上释放——如同人们所说的释放原子的能量。不再有保证社会凝聚这种承诺的文学。那时，将能表达社会，接受文学批评；那时，文学将不再是一种服务，它的范围将会更宽广，目的也不是那么直接。例如，有足够回旋的余地，文学将涉及挖掘什么是真正的人。

不过，中国知识界的气候现在已经变了。领导者们相信，知识分子们的联合不是建立在机械的顺从之上，而必须是以自愿同意为原则。陆定一详细指出，共产党必须保护文学艺术和科学研究领域的思想自由。必须保证自由辩论，允许每个人保留自己的观点。不同的意见必须在不受干预的气氛中争论，行政命令不能结束或决定某种讨论；少数人有权保持自己的个人立场，不能强迫他们同意认可大多数。批评不能再像过去那样，攻击或把对手置于死地，批评应该是善意的，应该努力找出积极的因素，即使有错误也可以包容。如果他选择这样的方式，受到批评的知识分子都会给予回应的。但是，即使错误是明显的——在科学王国也会发生这样的事——犯错误的人绝不应该被迫撤回声明或公开作自我批评。这些指导思想，旨在于废除那种在《红楼梦》事件中滥用批评的做法。把一个错误演变成侮辱性的错误，无异于鼓励文学的停滞，知识分子不敢冒犯任何看法，说话时瞻前顾后，最后就干脆闭口不谈了。陆定一的讲话，否认党内知识分子比党外知识分子优越，旨在驱散人们的疑虑，引进一种健康的气候，新知识界的团结有信任和友谊。

四　十月一日国庆节

从全国各地来的游客一般在10月1日来到北京参加国庆庆

典。我也在9月底从东北赶回北京。北京看起来完全变了样。他们已经完成了北京饭店的新翼。在老大堂里开设了商店，卖雨伞、丝线钩编、漆器、瓷器，还有各种各样的小装饰品。宾馆的正面，公共建筑物的正面都用红黄相间的饰带和小旗子装饰着，像南瓜一样圆鼓的大红灯笼也高高地挂着，红旗在屋顶上高高飘扬。相信人们都记得，中国人总是喜欢用大红饰物来显亮灰色的城镇。红色是当今政权的颜色，但红色也一直是节日和欢庆的颜色。那些我日渐熟悉到无睹的街道又一次令我惊奇，这些街道变得有点异国情调了，连中国人也不禁驻足观望：那些长袍飘飘、耳朵上挂着硕大的铜耳环的西藏人，还有用色彩鲜艳的带子在腰间系住袍子的蒙古人，头顶白帽的回族人，以及戴着尖尖帽子的新疆来的人。我们外国代表团约有1 700人。在“十一”前后的那几天，进出北京的游客络绎不绝。我随手拿起一份《新闻简报》，看到的标题都是：“周恩来接见日本代表团……设宴招待歌舞团……会见印度卫生部长……南尼受到新闻界的欢迎……缅甸佛教代表团朝拜佛教遗址……意大利妇女代表团离开中国……南斯拉夫聋哑代表团抵京。”这里没有一般大都市的平常气氛。背景遭遇各不相同的人们，当他们在纽约的大宾馆里摩肩接踵时，他们唯一的共同点是脚下踩着厚厚的地毯。而在这里，当我碰到一个西班牙人，或者葡萄牙人、捷克人、南非人，我立刻就能感到一种亲近感、一种默契。他和我都知道，尽管我们的语言不同，我们却能明白同样的意思。这里不需要什么礼仪，而且任何礼仪都完全不适合。我觉得自己已经是个过来人了，所以不时给新来的人一些信息。和我一样，他们也只有一点时间来辨清方向。在你在北京机场跨出机舱之前，你的思绪就开始漫游了。在飞行途中，我想象着爬过西藏高原；在另一架飞机上，那位德国历史学家在冥想着探览敦煌石窟，意大利画家仿佛就看见自己在中国南方的一个村庄安顿了下来，已经写生近一个月，其他人夜宿在蒙古帐篷里。后来，突然之间你闻到中国泥土的味道，那酸酸的味道真真切切地刺激着你的鼻孔。你环顾四周，你感受到六亿人的心跳，广大的中国绵延几千英里。你奇怪，并且有一种焦虑不安，哪里能划一条界线区分可能和不可能呢？我没有去过拉萨，我不会去那儿。那些两个月前取道新公路的记者们，一路搭卡车骑驴子，要到11月中旬才能回来。要去敦煌的石窟，你得经兰州，跟着骆驼队穿越沙漠——那个历史学家不得不满足于看看复制品。但是，话又说回来，广州还是很容易去的。

在大家互相交换着信息的时候，我注意观察着游客们的反应。我已经明白，中国是你最不能犯这样一个错误的地方：给事情下结论，仿佛这是事物的最终样子，固定如此。在这个国家，一切都是在不停地变化运动着的，现在从过去和即将走入的未来中得来含义。因为生活水平仍然很低，或资产主义制度仍然存在，而去诋毁政权，这是对中国形势的视而不见：你需要一个地方站住脚，如果你想转动世界，要改变中国，你必须把过去用作杠杆和支撑。但是，最令我气恼的是，旅游者们把这些绝对的成就只看作是一些通向其他事物的垫脚石，这明摆着的，现成的善事他们都不会做。如果说中国的乡村比法国的舒适富裕，那是不真实的；不寻常的是，这种成就代表了对中国村庄过去的一种进步。说中国妇女是全世界最解放的，也是同样不实事求是。北京的大主教认可了政权，这让许多人震惊不已，这未免太天真了，如果明天他不丢掉他的职位，这种狂热触怒了我，这不仅因为这会导致更多的错误，而且还因为中国应该得到应有的对待，如果你没有意识到人世间所遭遇的困难，你就会对她的努力大打折扣。我很担心这些好消息的传递者，而那些旅游者们，他们的日程恐怕都是事先写好的，恐怕不能使他们在家的同胞们信服。真遗憾！这一刻，在中国的历史中正在颤动，因为她所赢得的胜利还未完全体现出来，因为她所要征服的巨大障碍，还因为她所面临斗争的艰巨性。

9月29日。周恩来举行宴会，招待外交使团和外国代表团；共有2 200位客人。一半客人在北京饭店新落成的一侧宴会厅里，其余的则在相邻的房间里；一楼全都是来宾和客人。

在通向宴会厅的主要入口处与在另一头的小剧场之间，是一张够安排100人就餐的长桌子；在其左面和右面，另有100张小圆桌，每桌9个人。我有充裕的时间去研究周围装潢：50根大柱子——25根是完整站立在大厅里的，另有25根是半掩在墙里的，半径约有18至20英寸，全漆成红色——头上的横梁是绿的、兰的、金的和红的。3个大吊灯把大厅照得灯火通明，每枝有25盏电灯泡，此外还挂着圆形吊灯：一共有300盏灯泡。天花板近50英尺高；一个用灰色布幔装饰着的阳台从这面墙一直延伸到那面墙。小剧场的红幕布是放下来的。

桌子上摆满了食物。这是冷盆。两个乐队在演奏，入口处一边一个，他们轮流演奏中国音乐和西方音乐。7点钟，奏响中国国歌：周恩来在离舞台很近的一张桌子上坐下，在桌子的另一端，一位元帅就座。元帅穿着崭新明亮的蓝色和金黄色的制服，侍者开始给我们倒米酒、野葡萄酒、柠檬汁、啤酒、汽酒，随我们选择。聚光灯照着周恩来，他开始讲话，欢迎我们到中国来。最后，他举杯祝愿世界各国人民的友谊和和平。他一会坐下，一会站起身，不停地与各桌宾客碰杯祝福，最后一杯是敬所有来宾。每次他站起来，都是灯光如泻般地照在他身上。接着，缅甸大使代表各外交使团讲话。音乐家们演奏起《斗牛士》(*Toreadoro*)，周从这桌走到那桌，不停地与客人们碰杯，交换微笑，不时地与客人们说几句喜气洋洋的话，他特地给卓娅的母亲鞠了个躬，卓娅是每个中国青少年都知晓的苏联英雄。

“周恩来是什么人呀？”杜勒斯先生有天突然这样问。没有必要假装出这种无知，这个名字世人熟知。埃德加·斯诺在20年前所描绘的周恩来整洁消瘦；他没有说错；而他笔下的乔治·拉夫脱的微笑则是传说般有魅力。周恩来的脸上有一种你在中国不常看到的东西：不是愤世嫉俗，也不是讽刺，而是知识分子所特有的敏锐和迎接挑战。他给人的一种感觉是，虽然他身陷国家事务，但他却仍然能够置身事外，作冷静的判断。在比才乐曲声中，周从一张桌子走向另一张桌子，他的一举手一投足是那样地放松舒坦，但他那炯炯的目光却仿佛能认出每一位他从未遇见过的人。你可以说这种发现是令人幸福的，你也可以说，他与之干杯祝福的人不再陌生。他走进相邻的几个房间，那里是年轻人、演员、舞蹈家和运动员爆发出一阵阵的欢呼声：他被包围，被簇拥，无数的礼物抛向他；掌声和欢呼声一直到宴会结束才平息。这不是一次冗长的宴会：中国人很有分寸感，而且正如我所说的，中国人在饭桌前不易变老。宴会后，另一个房间的年轻人跳起了舞，有阿尔巴尼亚人、穿着军装的波兰士兵，以及身穿传统民族服装的少数民族代表。我们走出门外，我的心跳得更快了；北京四处都灯火辉煌。房顶和屋檐高挂着大红灯笼，勾勒出房子的轮廓，纪念碑和大门在夜幕下闪射着光芒；北京城少了点松弛，那清晰的线条给人一种舞台感——看起来不像真正的城市，倒像灯火通明的世界博览会馆。但是，北京确实很真实，那些转眼即逝的华丽装饰仿佛是在肯定，在这些花哨的背后，绝不是什么海市蜃楼的幻景。

平时这么晚大街上几乎都没有了行人，但今天晚上却熙熙攘攘，热闹非凡。人们信步游逛，小商小贩们挨着故宫的红墙或是人行道摆起了摊子，卖大碗茶，卖香肠，卖水果，有的甚至用一张桌子，几条凳子。一个架在轮子上的煤炉，支起了小食摊。有的在吃，有的在旁边等。路旁电线杆上的喇叭播放着乐曲，人们熟悉的小调，讲话和口号。蒙古族、苗族、藏族、维吾尔族都身着盛装，穿白衬衫戴红领巾的少先队员在路边集聚，音乐家们盘腿坐在地上，敲着膝盖上的小鼓，进行游行彩排。明天将是所有人的节日。我们走过天安门广场，挂在正面的大红灯笼的灯光勾划出城楼的轮廓。

附近的街道也是挤满了欢乐的人群，孩子们和大人们手中都拿着一束束的假花，工厂、办公室和学校都分发了许多这样的花。到中国来以后，我第一次看到警察在拖人，但是好像那些人没有戴着手铐，也没有人无礼地扭头盯着他们看。有3个人被警察带走，大概是因为偷东西或酗酒闹事。到处都可看到人们在吃着喝着什么。在一些偏僻的街道上，我看到停放着游行彩车。有些彩车只是简简单单的立方体底座，上面饰有布幔；有些则是雕像布景，或是舞台造型。回到宾馆，我又走到阳台上：整座城市在月光下发着光，真真切切。突然，一座高大的座位在红色底座上的白色雕像闯入了我的视线：那彩车看起来像是自己在移动。

人们举着马克思和毛泽东的巨幅画像，一队男孩子扛着一条至少有一百码长的巨龙走来，他们的身子都半掩在巨龙的鳞片下。这些零零星星的节日花絮十分难得一见。但是，我很快就上床入睡了。一觉睡过来时，是凌晨两点一刻，半是因为好奇，半是因为那吵闹声：高音喇叭仍在播放着歌曲。现在已经很冷了，长安街上放眼望去都是白衬衫和红旗子：年轻人组成的方队高高地举着旗帜；另一些年轻人则躺在宾馆前的平台上，身边放着小旗子。彩排要进行一整夜；但是，明天大家都能睡个踏实觉，精神百倍地迎接即将到来的伟大日子。

9月30日。清晨的北京还在熟睡之中。每个人都放假。没有节目安排。吃早餐，天气看起来不怎么好，我们一行自己出去故宫后面的我们很喜欢的一个地方散步。此时，墙看起来还是黑的，墙的两头是金黄色屋顶的瞭望塔，墙脚半淹着护城河的水里；高大的向日葵向堡垒方向高高地昂起它那黑色和金黄色的头。城墙正好在这拐了个弯，护城河也是这样。护城河的对岸是低矮的房屋，光秃秃的墙面对着河水，黑乎乎的石灰墙面正在剥落。窄窄的护城河水倒映着肃穆的城墙和对岸卑微狭窄的街道……这是一种荒凉的美。

北京饭店正好相反。大堂里挤满了身材娇小的缅甸舞蹈家，还有印度人和蒙古人。亚洲代表团的人数绝对超过西方代表团。有运动员代表队和宗教协会，最重要的是文化团体和艺术家团体。我在北京期间，有过印度艺术的展览，还有过印度电影节；我曾看过印度尼西亚和缅甸的舞蹈表演和越盟的芭蕾，日本的歌舞伎团也将进行一系列的演出。对亚洲各国民族来说，周恩来的“来看看吧”的邀请意义非常重大；因为中国将自己视为亚洲的和平使者，在亚洲有维护和平的使命。

今天晚上，周恩来将为人民解放军和少数民族代表团举行宴会：来客近3 000人。届时，这里不会再有空地方，所以我们就去新侨宾馆。在我们宾馆的新翼建成之前，新侨曾是北京最大的宾馆。中国人深为新侨宾馆感到自豪，所以，每个旅游者的日程中都给安排了参观新侨。新侨是海外华侨捐资建造的。餐厅里人满为患。我们和一些朋友一起逛了几条街，然后又回到宾馆的平台上，眺望火树银花的北京。这是个晴朗的夜晚。我们大家都说：“希望明天是个好天！”

10月1日。天气不怎么晴朗。夜间气温下降了20华氏度，天空阴沉。我穿上外套，把蔡给我的标志别在衣领上——红的飘带上写着几个黑色的中国字，一个红色的金属徽章是中华人民共和国的国徽；这个标志能让我站在天安门城楼的后面。

我们早晨9点就从宾馆出发，而且还是坐车，尽管天安门近在咫尺：我们绕道行驶，因为长安街被交通管制了。我们绕过故宫；装着机器模型、雕像、标语牌的彩车停在旁边的街道上，人们三五成群地等候在一旁。我们正置身于北京这座大剧院的中心。我们从北门进入紫禁城，从这一边穿到那一边。引路的人把我们带到左边的大看台。看台下面是许多小货棚，卖茶、柠檬水、三明治；你可以在游行时去那儿买买香烟，或是什么吃的喝的，甚至干脆去那儿休息一下。政府充分考虑到了来宾的舒适；在游行路线沿线，有水管和水龙头，因为有些观众观看的时间可能很长。我们坐在前排——我们来得很早，此时，观礼台只坐满了一半。在我后面靠右一点的地方，平台上高高站着一个小亭子，毛的照片就悬挂在入口处。在所有的红墙上，巨大的中国字写着："中华人民共和国万岁……各民族兄弟的友谊团结万岁……马克思列宁主义万岁……和平万岁！"我们脚下的大街空旷无人，但在不远处的广场，穿着哔叽制服士兵着装威武，海军正在展开阵势；身着白衬衫的少先队员手拿红色和玫瑰色的塑料花和绿叶。红旗和其他色彩的旗子，鲜艳的或柔和的，飘扬在广场上空。军乐队在大街前面。天气很冷，为了不致感到寒冷，士兵在节奏中做着健美体操。从这点距离看过去，他们看起来像一队木头士兵。颜色的安排也体现了他们用心良苦：白色的衬衫和褐色的制服，这两者可以烘托色彩艳丽的旗子和花束。

观礼台上渐渐坐满了人；广场四周的一排排座位足够容纳1.2万人。朋友们都到了，我们又结识了些新朋友：3天前刚到北京的南尼，还有与爱因斯坦一些工作过的波兰物理学家利奥波德·因菲尔德（Leopold Infeld）。德国历史学家马提斯（Matthias）是昨天刚到的，同机的是一个法国妇女代表团。“有什么感受？”——我们相互交换着各自对北京的印象。“关于中国人，让我来告诉你们。”因菲尔德喜欢发表看法。他的看法通常很坦率，很辛辣，也很中肯，“中国不是地球上不知道玩世不恭为何物的民族”。

10点钟。乐队奏起了国歌；当毛泽东在朱德、刘少奇、周恩来、宋庆龄——孙逸仙的遗孀——以及其他部长和元帅们陪同下出现时，人群从爆发上一阵热烈的掌声。毛泽东就站在他的画像下。他像平常一样，身着灰中带绿的上装，戴着一顶帽子，这顶帽子在游行起他不时地取下，向欢呼的人群挥舞。人们很难从远处将他与其他官员区分开来，他身上也没有什么特别吸引人们注意的地方。去年的国庆庆典是一桩举国欢庆的大事，全国各地的代表团都纷纷涌向北京，毛泽东坐在达赖喇嘛和班禅喇嘛中间。今年，全国所有的城市都在当地庆祝"十一"，我们现在所看到的构成壮观景象的人群全是北京人。北京的居民走在游行队伍中；北京市长对着麦克风宣布欢庆活动开始……

礼炮齐鸣，炮声震天，世界好像快要散架了，广场上空蒙上了厚厚的一层烟雾。接着，是一阵寂静。两辆敞篷车从长安街两头开出来，慢慢地相遇在天安门前。每辆车里都站着一个身着蓝色和金黄色军服的人：国防部长彭德怀元帅和总参谋长相互敬礼。彭德怀很快地检阅了部队，然后到天安门前大声汇报。接着，总参谋长的车子缓缓开走，士兵、坦克和大炮跟随其后：游行开始了。

正在北京访问的贵格会教徒代表团婉拒观看这些仪式，我理解他们的拒绝是抗议军事游行。不过，这种军事力量的展示很快就结束了。一架喷气式飞机轰鸣而过，仅此而已。老百姓的队伍走过来了。走在最前列的是各少数民族组成的五彩缤纷的方队。他们高举着红色的饰带，红色中醒目地露出镀金的标语："第一个五年计划万岁……解放台湾……和平万岁。"接下来是巨幅照片，是人们在莫斯科的游行中常见的那种：毛泽东、周恩来、孙逸仙、马克思、恩格斯、列宁、斯大林，还有莫洛托夫、布加宁、赫鲁晓夫等人的像也举在黑头发上。在接下去的4小时的游行中，这些口号和头像还会出现许多次。突然，一座巨大的花园朝我们走来：几千名青少年挥舞着手中的花束，好像盛开的山楂花，他们从广场对面奔过来，接着，一齐放飞的数千翼鸽子，仿佛是从魔术师的帽子里飞出来的；鸽子在天空中翱翔；五颜六色的气球拖着鲜花、旗子和写着"五年计划、台湾、和平"字样的标语升向天空。蓝天变成了一个巨大的游乐场。

孩子们后面，跟着1 500位刚开完代表大会的先进分子；每个游行队伍都并列走80个人，每个方队有六七排，横跨长安街。整整3个小时，身着深蓝色棉布服装的人们不停地从天安门前阔步走过，有工人、学生、手工业者、北京的店主和北京近郊的农民。他们手持鲜花、旗子、橄榄枝，以及用白纸折成或胶合板拼成的鸽子；他们走在那些曾停在僻静街道的彩车四周，这些彩车现在都装饰一新。每辆彩车都代表每个游行方队所取得的业绩：火车模型、齿轮箱、发电机、联合收割机、炼钢炉、6 000千瓦的汽轮机、一束小麦、一篮水果、一捆蓝色的布匹。标语牌上，画着各种生产图表，让人明白产量的上升情况。游行队伍中的人们看起来都非常快乐——他们或微笑，或放声大笑。当他们经过主席台前时，他们停下来，欢呼跳跃，把手中的鲜花扔向空中，大声地笑着。“你能说这一切都是装出来的吗？”艾黎问我。不，这不可能是装出来的。人们在欢庆节日，因为他们想要欢庆，50万张笑逐颜开的脸庞，就是无可辩驳的证据。普通民众与毛泽东之间的直接的个人与个人之间的关系，深深地打动了我。这里没有所谓的“集体性的歇斯底里”“群众催眠”，没有所谓的“谜一般的领袖”。没有人是“恍恍惚惚”，没有人“灵魂和肉体都变成了暴徒”，这里只有50万个个人，每个人都在声明着自己欢度着时光，在这些脸庞上，你看不到奴性，在他们的眼睛中你也看不到那种空洞的注视；你看到的是情感。工人、工匠与毛泽东打招呼，就像普通百姓相互握手一样，挥舞着手中的鲜花，抬头用灿烂的笑容看着他。他说声“谢谢”，就像你对一个帮助你的朋友说一样。

游行继续着，大家都在观看，但大家都不时往旁边瞥几眼，观察他人：波兰人、法国人、意大利人，我们曾经被教会讥讽，我们被教育要控制住自己的情感，我们的圆滑世故包括不露声色，以免出洋相；我们每个人都在问，是不是只有自己被这游行队伍中的欢乐所感染。当我听到因菲尔德在低声说话时，我不禁感到如释重负。“当你看到这一些，你再也不想做一个愤世嫉俗的人了。”我们甚至都感到有点惭愧：这虚假的克制到底为什么呢？是怀疑主义所致？南尼说出了我们大家的懊悔，摇晃着脑袋，他嘟哝道：“难以想象，罗马和巴黎会有这样壮观动人的场面。我不知道。人们的心灵中应该有点新鲜的东西，我们的已经发霉了。”是的，新鲜就是进步中的中国的显著特点。这种新鲜不时给予人类生活雨后晴空的光泽。

航空学校的学生们放飞了手中的滑翔机，以气体为动力的模型飞机一下子蹿了出去，平稳地飞行后，盘旋降落在天安门镀金的屋顶上，或是降落在人群中，也有的一直飞出了人们的视线。现在走来的是文化工作者。8000名演员和舞蹈家。这是游行中最引人注目的时刻。这是超现实主义者所梦想的“大街上的剧院”。首先，彩车的轮子和驾驶员都隐藏起来，活人道具组成的舞台造型变化着北京舞台上上演的节目：《草原之歌》《跨过高山越过平原》。许多艺术家扮演成狮子、猴子和京剧中的武士，跳跃、舞蹈和程式化的打斗。巨龙遨游在蓝色的波涛里：看不见的手在抖动着帆布，模拟着大海的波涛起伏；长龙蜿蜒的躯体有100多码长——舞动巨龙真是一出配合默契的芭蕾。变戏法的走过来了，自行车或独轮车上叠罗汉也来了，杂技演员们翻跳着过来了。体操和运动协会的方队，走在游行队伍最后面：女的跳着圈操，男的举重运动员一起举着杠铃，每一队都表演不同的功夫。4个小时过去了，我们一直站着。看着这壮观的庆典，我们一点也没注意到时间过去了几个小时，也没有觉得累，先是军队游行，最后是以杂技结束。

现在，聚集在广场上的士兵们和少先队员们向天安门奔来，挥动着彩旗和鲜花——长安街上都挤满了。毛泽东慢慢地从平台这一头走向那一头，问候外国宾客，举起他的帽子向人民挥舞。

下午2点，人群开始散去。

这一整天，天空都放晴了。晚上7点半，我们登上通向天安门的平台，天气凉爽明朗：100个代表团被邀请到天安门城前观看焰火。我们走到栏杆前。约有40万人聚集在广场上和大街上，头碰着头。还有许多分散在各个公园里。人群中不时冒出许多小旗子，人们围成圆圈，唱歌跳舞，圆圈大多是以工厂学校为单位，但也有些人从这个圆圈转到那个圆圈。有类似布鲁兹的舞蹈，也有扭秧歌的，有的在玩捉迷藏；演员们换上服装，表演哑剧。北京灯火辉煌：千万盏灯齐放光明。我们坐在小桌子前，桌子摆放着茶杯、香烟、水果和糖果。我在与茅盾和他妻子交谈，周恩来在宾客中走动、寒暄、握手；毛泽东也是一样地在问候每桌的朋友，他信步从容，神定气闲。中国领导人最迷人之处，就是他们毫不做作；他们的衣饰与普通人别无二致，他们的脸上没有高人一等的做作，也没有因身居高位而刻意为之的装腔作势；他们的脸孔完全是友善的人类的脸孔。我以前从未遇到过不与民众保持一定距离的官员。这种简朴无饰，绝不是为了蛊惑民心。有些美国人，如杜鲁门、艾森豪威尔才是蛊惑人心的政客，他们多多少少成功地模仿那些诚实无欺的好人，到处抛售他们百万美元的微笑。毛泽东和周恩来不是喜剧演员。他们的这种无法模仿的自然，你只有在中国人身上才找得到——这种自然谦逊地活在这世界上，丝毫不担心电视上的形象。但是，让我们不要误解：强有力或含蓄，他们面容却透出一种不同一般的个性气质。他们不仅令人神往，而且还激发一种日益少见的情感：尊重。

焰火开始了。如果我没有弄错，中国人是最早发明焰火的民族；许多世纪以来，中国所有的重要场合都要燃放烟花爆竹，尤其是祭祀场合和祖宗坟前。这一夜的欢乐远远超过了我们的7月14日：数不清的礼花在黑暗的天空中闪烁，水帘闪闪发光，火花绽放在银河里；每个人都睁大眼睛惊奇地看着。火箭腾飞空中，降落伞突然打开，缓缓地飘在星光灿烂的天空；有气泡、有网、有五彩的灯光；探照灯用蓝色、黄色和紫色扫过夜空：这简直就是色彩的芭蕾。

我们看得有些累了，便走进亭子坐下来休息。整个亭子用鲜花装饰着，是放松休息的好地方。这里一样也有桌子、茶壶和杯子，世界各国来的代表团在一起交谈。我们来到大街上，挤在人群中。我过去从来没有碰到过举止有礼而体面的人群。没有人喝酒闹事；在法国和意大利，在一个公众聚会上附近没有酒馆简直是无法想象的；而这里，人们跳累了就走到圆圈外，蹲在一旁，看别人跳。你接着会说，在这些年轻人中，性根本不存在。

舞伴们跳舞时相距足有一英尺半；男孩和男孩跳，女孩和女孩跳，他们并不在意；但是，在任何情况下，他们的行为举止都是无可挑剔的。没有尖叫，没有放肆的大笑，没有争吵，也没有推搡，到处都井然有序，到处都是欢乐的人群和微笑的脸庞。他们将一晚上都跳舞。

10月1日的那个星期，外国代表团几乎每天晚上都被邀请参加各种晚会。我听到过一个男孩演唱《伏尔加河上的船夫》这首歌，他曾在中国的音乐学院获得一等奖，一个身着军服的阿尔巴尼亚士兵唱了首《弄臣》，一位苏联歌唱家唱了《卡门咏叹调》。我还看了著名京剧演员梅兰芳扮演的旦角，这让我想起我看过的许多特殊的展演。我还去看了日本剧团的首演，简直几乎所有的北京人都在那儿，妇女们代之以上装和长裤的是西式的长裙，男人们则身着像我们一样的西装。

我开始适应了中国人的方式和方法。开始时他们让我十分不安，因为在我看来，他们比西方人更自然也更做作。渐渐地，我明白，他们与自己人相处时，是非常自然，身体间的接触碰撞，对彼此的要求都不扭捏造作，但在与外人接触时，他们却十分拘

萨特和波伏娃在天安门城楼参加中国的国庆大典

谨。陈女士的自然大方立刻赢得了我的好感。“我困了”，在安徽的一次官方午宴上，丢下我们在那儿与主人一起喝茶，她径直离开，躺下打了15分钟的盹。蔡曾对我坦言，他在西方觉得很不舒服。“在捷克斯洛伐克和法国——请原谅我不得不这样说——简直太恐怖了。我自始至终都觉得深受束缚。比如说，在中国，你喝汤或喝茶时发出点声响是没什么大不了的，但在布拉格和巴黎，这却是非常不礼貌。在旅行时，我和朋友们经常相互对望，看看自己是否犯了什么令人难堪的大错。”中国几千年来都有吐痰的习惯，他们觉得在公众场合吐痰是十分正常的，即使在十分正式的谈话中——就像我们拧鼻子一样正常。如果我非得带回家一件我在北京最常见的典型物件，我就会带回痰盂和热水瓶。你走进一个商店，最先看到的是架子上的一排排的都是这两样东西，上面喷绘着花和鸟。痰盂随处可见：在普通人家的客厅、在办公室、在火车上、在公园。热水瓶家家户户都有，办公桌上、柜台上。中国人不喝茶，日子就没法过。火车站的候车室里、剧院的大厅里，都有茶桶。这大茶桶一定藏在什么地方，你只需要拧开水龙头。在中国人看来，排泄你所喝进去的，比喝要让人难为情多了。在北京，你不会看到妇女们嬉笑着，一路嘟哝着寻找厕所的门。在这里，身体平静地接受自己所扮演的角色；但是，他们对所履行的性方面的功能却有许多禁忌。这在很大程度上与他们根深蒂固的农民意识有关，中国人的纯朴没有受到任何世俗的污染。

另一方面，诡计是在与外界打交道的过程中产生出来的。中国人善良、有思想，温和、深沉、含蓄；但是，今天他们阵阵掌声表达了对来宾们的热情和真诚；妇女和妇女拥抱。但非常亲密的熟稔关系却很难建立。我和陈女士的关系似乎是超乎寻常。传统教会中国人控制自己的情感，不轻易发表见解，避免非常个人的问题和过分交心。我们的南非朋友问过在南京接待他的代表："你结婚了吗？你有孩子吗？"翻译笑了笑，没有转达这些问题。"这不太合适"，他解释道。一个五十几岁的法国人问他的年轻翻译，她是否结婚了。"什么！"她皱着眉头答道，"如果有人问你这样的问题，你该怎样回答呢？"他笑着说："我就说我结婚了，有两个半大孩子。"这位年轻女士犹豫了一会儿，作出了点让步。"我有个未婚夫在南方。"两三个星期过去了，蔡开始与我很坦率公开地交流了，但开始时他像贝壳一样嘴闭得很紧。一次，我与丁玲共进午餐，我注意她工作台上有支画笔，我问她是否作画，她笑了笑，什么也没说。北方人更难以接近。在沈阳时，我们强烈地感受到，陈女士和蔡都是南方人，他们与高大的、面容木讷的东北人差别十分巨大。晚餐快结束了。在最后举杯祝福时，那位陪了我们一天的作家，笑着开口说："我犯了个大错，就是我不知道怎样表达内心的情感。"蔡简短地翻译了这个自我检讨，点了点头。"是这样，"他说，"人们常说我们中国人就像我们的热水瓶，外面冷，里面热。"事实是，即使没有开朗的性格，中国人也十分敏感，平易近人，所以能与我们建立牢固的关系，而我们曾经是陌生人。

五 结 论

在汉学家们看来，从1949年开始，中国就不再是中国了：那是"大洪水"日。同样，反对共产党的人认为，社会主义这种"野蛮主义"注定会给这世界上最古老最辉煌的文明带来灭顶之灾，一个新政权假装尊重它，为了是更方便地谋杀它。埃铁堡（Etiemble）宣称，对于中国的过去，要么接受，要么不要去碰它，如果你破除了，那么你就不应该假装沿用它。多么完美的不妥协！如果我们保存了整个犹太—基督遗产，法国的过去还存在吗？不，旧中国最有意义最有价值的部分仍然在恰当的地方：图书馆和博物馆；政府作了许多努力，教育全国人民认识这些宝藏。至于中国人在最近几个世纪的生存气候，我直言不讳地说，已经被另一种气候取代；而且，我非常同意赛珍珠的观点：

> **如果我真要给中国的美找点茬……那就是它太隐退了，太保守了。它没有让人们深切地感到它的无所不在……追求美的机遇成了有钱有闲人的特权。**
>
> **——引自赛珍珠《我的几个世界》**

对美的感受和熏陶不仅局限于少数人，并且，艺术在中国所说明的主要是压迫和对人的残害。

就在几年前，中国人还是衣不蔽体地面对残酷的大自然。无论是耕田锄地，还是施肥除草，农民没有牲口可使唤，用双手直接干活，他就是自己的牲口。他把自己的后代看作动物：他淹死一窝中的一些，有事要办时他卖掉一窝中的另一些，所收获的仅够种田人的温饱。房屋与所耕种的田地连接一片，无法区分，种田人也不与家人分开；一个劳动阶层的人不能算得上是人。闲暇和富有的朝廷官员们骑在劳动人民的脖子上，给老百姓雪上加霜。但是，他们仍然与土地绑在一起，因为他们的将来在土地里，社会底层的囚禁者看到人类淡入禽兽，而那些有钱人却无法把自己从深坑里解救出去，或看穿事实：他们只不过是无情地逗弄它。他们堆假山、造盆景、养稀奇古怪的鱼，他们热衷于挫败和扭曲的事情；封建社会后期的雕塑、古玩和建筑无不奇形怪状、神经兮兮，即使人体也逃不脱这种专横的扭曲变形：妇女被裹足，男人遭阉割，旧小说中的幼稚和变态的色情同性恋成风；折磨的艺术源于对自然的惧怕，这种惧怕，在空旷的中国精英阶层，是因仇恨而歪曲表达出的自然。这些老练的精雕细琢，并不掩藏一个文明陷入困顿的单调乏味。教育机制的僵硬，阻碍了技术进步，使帝国永远驻足停留，人们不能超越自身：艺术不是推开明天的大门，去挖掘无限的可能性，而是仍然停留在一种苍白无聊的消遣。中国在某些历史时期创造的有血有肉的东西早已被遗忘，或者被无休止地模仿到空洞和了无生气。花园、绘画、纪念碑——同一主题的不同变异；这些变异不是求新，而是简单地肯定陈规。从希腊的圆柱和过梁到拱门，从长方形教堂到罗马风格的教堂，再到哥特式建筑，这其中的演变和变迁中国都不曾经历过。人们怎能要求一个新的文明去延长一种早已停滞的文化的运动呢？如果要把现在与过去间的缝隙归咎于谁的话，那么罪责仍在过去自身。共产主义不应对此负责，而这种情形也不是新出现的：每一个试图把中国变得现代化的政权，在艺术和知识层面上都必须一切从头开始。确实，由于他们民族主义的倾向，在保护遗产方面，现在的领导人远比五四时期的资产阶级考虑得更周到。事实上，现在的这些领导人被指责未能在一夜之间创造出一种新的文明。一个建设中的社会，不能简单而无中生有地找到一种表达方式。普及文化与提高文化之间，量与质的关联非常复杂；有时相互碰撞，有时又和谐一致。毋庸置疑，人民的文化水平已经有了显著的提高；至于对更高层次的绘画和写作，悲观主义和乐观主义的想法都是没有根据的。问题仍然是没有答案——也不可能有答案——在我总结属于艺术和文化时，我会留个问号。我提到过有许多踌躇、顾虑和错误；即使事实是这样，中国的努力和成就仍然让我敬佩。

但是，自1955年以来，对中国的攻击更厉害了；许多资产阶级民主党派，努力使中国在外交上得到认可，投票进入联合国，他们也必须信服中国尚不够格。这种排练得很好的演奏让某些人心里不安：像里可热（Ricoeur）这样清醒明智受人尊敬的人，结果也怀疑自己的眼睛是否欺骗了自己。因此，让我们来比较一下我们的调查与他们的结论，仔细研究一下形成这些指控的种类和重心。

最让走马观花的到中国的旅游客难忘的是：整洁的街道，火车正点开发，官员谨慎诚实，管理国家的精力和周到：一句话，5年前，没人能想象中国现在发生的一切。

在现政权建立之前，那时的态度是“随它去”和朴实粗鲁的个人主义。儒教关于家庭的准则仍然有着广泛的影响，但是，在沿海的现代城市中，人们不加掩饰地炫耀财富；而在乡村，古老的惯例仍未改变。那时，国家被不同的政治派系割据把持，连年遭受混战之苦，各种相互冲突的西方行为和思想的入侵，使知识界一片混乱。

一切都不同了。国家统一了，只有一个中央政府，它的权力与声望大为提高。不仅政治上得到了统一，经济和文

化上也得到了统一。

这是谁写的？是政权的宣传机构吗？不，这段文字出自专门恶毒攻击人民中国的期刊：《中国新分析》，香港出版，撰稿人都是抱有很深成见的保守分子。

尽管他们有着种种偏见和恶意，这些在昨日中国生活过的人，这些对亚洲有大致了解的人，今日中国所取得的成就无不给他们留下了深刻的印象。他们所熟悉的吉尔连也不得不承认"从物质上来说，总的情况值得称道"；皮埃尔和勒内·戈塞写下了如下的文字赞扬中国：

健康和卫生方面取得的成功……根除社会弊端的干劲……小偷不见了踪影……植树造林，工业的诞生，土地改革，防治洪水……中国正步入成为主要工业强国的坦途……消除饥馑……人们现在穿得像样了，显然吃得也不错。法律和秩序得到了张扬，产生了爱国主义，建立了国家军队。币值稳定，金融健康，政府廉洁诚实。广泛开展扫盲运动。

但是，事情并不是到此为止。证据使他们不得不如此坦陈，但反共产党分子慌忙在这幅画里添上其他的、阴暗的一面。那么，什么是阴暗的另一面呢？

仍然存在于上海的西方资本主义，被驱逐的传教士，蒋介石的死党，设障于台湾或香港的反革命分子，在中国边界拉开架势的势力，以及曾经与中国旧议会勾结在一起的某些美国人，这些形形色色的人形成了最疯狂的反对派。他们以各种催化剂式的预言发泄他们的愤怒：蒋介石卷土重来，或者是第三次世界大战迫在眉睫。这场革命怎样终结倒是桩小事，但必须记住，这场革命只不过是昙花一现，是一个易逝的片断。这场革命也没有什么新花样：他们随心所欲地把现在的国家控制与旧帝国的中央集权作比较；再者还有道家的说法：因为不变，所以不会被征服。钟摆今天摆向阴，明天会摆向阳。中国的共产主义似乎取得了胜利，但经验老到的人却觉察到了它马上要垮台的确凿证据。

确实，共产主义革命并未与中国的过去有什么不同，它不过是描述革命的一系列突发孤立事件的登峰造极者。公元前3世纪，始皇帝碎裂在封建的废墟上，自此以后，朝兴朝衰；在朝代崩溃后，总有一段时期的无政府状态，在无政府的无序中，一个新的政权会产生，重建国家。同样，国民党的分崩离析加速了内战，共产党成为赢家。那时的领导者所面临的某些问题，就是以前帝国的统一者们所操心的问题，他们也试图用相似的方法去解决。最先尝试的是始皇帝。他铸成了政治上和行政上的统一，毛只不过是重新来一遍。始皇帝也开发土地、修造水渠，他统一了文字，就像如今统一口语的发音一样。治洪工程可以追溯到传说中的尧，而他以后的继任者无不兴修水利。中国幅员辽阔，有必要为水利工程制订经济计划；只有一个高度中央集权的国家才能承担主要的公共工程，铺路筑坝，缓解自然灾害造成的社会危机，突破地域的和其他的把中国分割成无数个地方市场的障碍。在中国的历史中，我们一再看到官员被赋予了种种权利，制订价格，存贮和再分配小米和大米。1953年实行的谷物专卖在宋朝时就有先例可援。一旦夺取了皇位，中国的新主人往往搞土地革命，把大田分割成小块分给小农。有许多有意味的类比：康熙无法忍受外国干预，把教皇派去安排礼仪的使节轰出去，人民政府同样拒绝外国的插手，驱逐了黎培理。（译注：黎培理，Antonio Riberi，1897—1967，意大利人，生于摩洛哥。1946—1949年任罗马教廷驻国民党政府公使。全国解放以后仍留在中国，策动天主教教徒组织圣母军，后为人民政府驱逐）在下面两个控制西藏的例子中，乾隆与喇嘛教交好，把雍和宫赐给了喇嘛。而毛泽东则把他们的这同一圣地翻修一新。

保守分子们从这些类似中推断，这致命的一轮一定会再现，共产党会像汉朝、唐朝、明朝和清朝一样，逃不脱注定的命运。他们闭眼不看一个关键的事实：如果说直到现在，中国的历史只不过是进行一系列的重复，那是因为她一直经济呆滞。在钢铁工业发展的时代，始皇帝瓦解了各诸侯国，持久地重塑中国：把它变成了个中央集权国家。但是，随后商业的兴起却遭到了扼杀，帝国官僚阻止了技术的进步，中国倒退到记录时间的流逝。新政治家取代旧政治家：面对同样的情形，他们有前任用过的现成的工具，然而，巴恩汉姆（Barnham）想靠这种管理精英的换班，来减慢轮转，从而避免新的轮转。问题就在于此，因为在中国无论有多少轮转循环，一阵阵的人马淡出和来到前台，蛮夷取代汉人坐在王位上，出身卑贱的人从贵族手中夺过权杖，高升至名流；然而，历史就是这样反复无常。但是，共产党所造成的激变却是另一回事，新秩序是建立在经济和科技的革新基础上。今天的中国，存在着工人阶级，工业在全国范围内得到发展；没必要分割大地产，因为拖拉机不久就会加强合作，大块土地将为集体所有。此时的中国正进行着一场深刻的、真正的革命：古老的建筑不是被粉刷一新，而且被彻底拆毁；以前，供给静止的车轮的动力，总是无效；今天，整部机器都在运作，中国正在向前。她不再挨着日子过，不再现挣现吃，不再梦想传说中的黄金时代；她开足了马力奔向未来。

这本身就是巨大的变化。从前，未来只不过是不同形式的威胁；受制于无法预料的大自然的仁慈或愤怒，取决于种种侥幸的战事：匪乱和无法估量的政治事件；没有人能主宰自己的命运。旧政权的大大小小的受益人制订的法律，只会给将来带来苦难，而永远不会是繁荣：如果收成糟，农民和劳动者首当其害；如果收成好，那有利可图的也只是投机者。货币贬值毁了工匠、商人，甚至小资本家；一旦垮下了，没人能站起来。道是永恒不变的，但是，阴和阳的交替却并未明显表现在事实中；中国一直是黑夜，从没有太阳。面对绝望的情形，中国人的反映是既悲伤又冷漠，这种冷漠让鲁迅这样的革命知识分子伤心愤怒，对于此种冷漠，西方人会心地一笑，写下"东方人性格"的又一特点。智者们的教导，反思了这种暗淡的无为。儒教主张顺从和屈从；道教和佛教主宣扬无为。一个人如果没有明天可指望，那么他将做什么？“以前是完全绝望”，罗伯特·吉尔连这样承认；但这并不妨碍他让戈塞相信，“中国人过去经常挨饿，衣衫褴褛。但是，他们快乐且无忧”。（原注：引自《中国红》）某些陈腐观念似乎注定存活无数年代：可以用饥饿但却快乐来攻击中国革命、中印战争和阿尔及利亚战争。

今天的苦日子，如果没有为明天留下起点，不能称为人的日子。现政权所给予人们的最突出的好事——正如政权的诋毁者也不得不承认的——是注入中国社会的稳定和安全；中国人有了前所未有的东西：紧紧把握将来。他们不再是命运的玩偶；他们不再束手无策了。新北京崛起的郊区，东北的工厂，建设中的跨越长江两岸的大桥，治理淮河洪水的水坝——现在中国人正猛攻未来的壁垒。中国人不抱梦想，不沉溺乌托邦，中国的未来被实实在在勾勒了出来。用实实在在的数字去衡量，未来的实现日期也具体订出来。如果估计有误，那错也是出在保守派一方，结果往往超过所预期的。道家智者鼓励人们坐上“太阳战车”看世界；第一个五年计划，第三个五年计划让中国人能登高望远。中国现在活生生的现实，就是她的将来。

“不错，”反对共产党的人会说，“国家是在向前走了，但是老百姓却没得到什么好处”。这一点正是许多静观事态发展的对手们首先要指出的。他们很知趣，不作很快要垮台的预言，但他们却拼命贬低共产党的成就；共产党所取得的成就是不容否认的，但如果对人们没有任何好处，其价值又何在呢？因此，吉尔连会警告这样的制度“对中国有利，对中国人来说却没好处”。法诺（M. Fano）认真思考了这个百思不得其解的问题：六万万人民究竟是为谁在作出牺牲呢？这又是为什么呢？一个无法解析的谜，而且这更令人费解，因为在反对共产党的人看来，每个中国人的情况一个比一个还糟糕。农民是政权的牺牲品；工人也是，他们的情形很无望，商人和资本主义手工业者的困境也好不到哪儿去。什么大鱼正在吞噬这些小鱼儿？敲诈勒索的官员？不，反对共产党的人会咬着牙齿，从牙缝中告诉你说，不，“官员们十分正直廉洁”。无人指控领导们沉迷于劳动人民血汗换来的奢侈生活。你怎么能断定部分人为全体的利益，抑或全体为部分作出牺牲呢？有人想起了个双腿都跛的信使的故事——他不用拐杖也能行走。“这可以肯定，但是，”我听到过一个反对共产党的人如此指责，“现在的这一代正为将来作出牺牲”。但在挥舞这可以相信的古老公式之前，人们是否应该忘掉“牺牲”就意味着投降或被剥夺？中国人失去了什么？工人、农民、工匠过去过着愁苦的生活，店主的日子也无法容忍。吉尔连写道，“从前的境况是十分骇人的——这样的事实随时可见。贫穷、腐败、效率低、苦难、不关心人民和公共福利，这些是构成世界上悲惨民族的元素。我知道这就是那时的中国”。任何一个政权，他后来补充说，只可能比以前的稍好一点。无论是吉尔连还是其他人，都没人敢坚持说中国人用好马换了一匹孬马。戈塞的看法是“中国人……现在比任何时候都快乐”。什么叫牺牲？拿什么牺牲？在哪些方面牺牲？如果与富裕国家的生活水准相比，如果与他们的孩子拥有的生活相比，中国人仍然过着十分简朴的生活——我从心里同意这一点，政府也没打算粉饰成另一种；但是，对现在的形式不满，无异于悲叹任何人都愿意做现在这样一个中国人。人们不应该忘记，从前中国与印度尼西亚一样，被列为世界上最贫穷的国家，而她劳动人口的生活水准低于埃及和印度。有人是否要作这样的断言：共产党应在一天之内给六万万贫穷的生灵富裕的生活，能与西方工厂里工人的生活相媲美？动口是廉价的；就像法国当代剧作家阿努伊（Anouilh）的剧作《安提戈涅》一样，但比她更自以为是的是那些反对共产党的专家们，他们要求“所有的东西，而且要马上”；墨水从钢笔中流出来，这样绝对的要求也就在他们的手腕下写出来。但是，当你在别的地方而非纸上建设一个国家时，可能与不可能之间的分割线就变得十分清楚，时间也是个不可忽视的因素。

但是，“彼此的牺牲程度却不同。这个制度不公平”，有些人这样认为，戈塞和他们一样，为这种资本主义的残余感到十分愤愤不平。“未来制度的这种不平等是公然的，共产党的干部和官僚高高在上，下面是有特权的工人阶级，农民则是在梯子的最底部。”右派喜欢给共产主义贴上“乌托邦”的标记，阐述自己“精明而又实际的现实主义”；但是，就让共产主义实现和体现这并不是个模糊的想法，那时，同样这些右派又会猛烈抨击其为“不择手段的现实主义”。在中国，生产的需要造成了这种合理的不平等。最困难的工作以及那些技术性要求很高的工作得到的报酬最高。但是，各经济层次的差别并不很大，因为工资幅度并不宽；额外的收入也只不过是些零星硬币。那些身居高位的人几乎难得片刻的休息，如果给他们配备了小汽车，那也只为了方便他们的工作：他们的每一分钟都十分宝贵。在某种程度上，工人们是有“特权”，比起农民来，他们有更大的选举权，挣的钱也比农民多；总的来说，农民要比工人住得宽敞，自给自足，而且，最重要的是，没人强求他付出与工人一样的劳动。我对这种不平等的印象不深，令我难忘的是他们根据各人不同的情况，取长补短，以求平衡，这一点是十分公平的。

那些谴责政府的经济政策的人，他们的主要争论在于投给重工业的资金应该用于进一步关心与人民息息相关的生活福利。我只能这样假设，那些人之所以主张这样做，是因为他们非常清楚如果照此执行的话，共和国是在掐自己的喉咙。中国在过去的五年里还没有完全消除贫穷。1954年，河流洪水泛滥；物资匮乏，流行病威胁着整个国家；这些危险可能会重现；好年景也罢，坏年景也罢，人口以每年百分之二的速度增长。在这样岌岌可危的形势中，想找到一个平衡点，几乎是不可能。如果拖下去，中国不可避免地会退回恶性循环：人口过剩，营养不良，倦怠；滥耗而非明智地利用稀少的资源，这种做法不仅会敲响子孙后代的丧钟，也会让这一代人深受其害。与其说这些人是为重工业作出牺牲，不如说他们是在为自己作出牺牲。反革命派所断言的“人道”的反对之声，全都弄错了地方，因为中国的投机是注定要付出代价的；从她巨大的自然资源的潜能来看，生产的发展会给她带来无数的可能性，中国有可能不同寻常地提高人民的生活水平。

有些人顽固地认为，财富的增长会让中国而非中国人受益。这种断言完全暴露出他们不了解这种制度是怎样运作的，个人的利益与国家的利益完全一致，这就是中国今天所拥有的财富。在富裕农民和资本家中，有一小部分投机以牟取暴利的人，他们趁这个经济转型期大捞特捞；但是，六亿人中几乎人人都知道个人的好日子是与国家联系在一起的，而国家是与他们联系在一起的：这一点尤其值得注意，毛泽东在1955年7月的讲话中也特别强调了这一点。由于合作化运动的开展，农业产量不断上升，政府不会通过税收抢夺剩余产品，骗走农民的收成；国家的税收绝大部分来自于轻工业产品的销售。国家要富裕，市场得扩展。也就是说，农民必须成为消费者；他们不会成为消费者，除非宽裕的生活让他们有更强的购买力。没有人借着遥远的乌托邦式的繁荣名义忽视现在利益。这几乎不可能，除非今天广大人民的生活都得到了改善，他们的繁荣富裕才不会单独加以考虑。

因此，全国上下的生产，成了提高每个人物质生活的同义词。“生产第一”的命令，远非“不人道”，而是表明，在中国，人们的利益是所有价值的最终衡量标准。无论是经济还是遥远的将来都不能比人本身得到优先考虑；他的利益，也没有为教条或原则作出牺牲。人们走上的最大歧途，莫过于认为中国人都是受狂热拥护和无情执行的理论的受害者。中国人的政策从来都不是按照抽象理论铸出来的，而是根据实际情况而来的，是灵活的：实用是首先要考虑的问题。社会主义与资本主义和私有财产是敌对的——但是，它们并没有被废弃；相反，如果发现它们有用，新经济中还是给它们留下了发挥作用的余地。没有飘扬着的旗帜写着口号“平等”。重新分配土地，制订了工资级别，更好地反映生产的利益。所有工作岗位都保留着，并没有借人性的尊严的名义废除一些，因为这样做恐会有人失业的危险，或剥夺国家资产的危险。正是在这种种可想见的障碍中，这个国家开始追求繁荣富裕；要达到这一步，一点一滴都是有帮助的，哪怕是细枝末节也能帮上大忙。以前田地都是以未耕种的土地作为界线分割开，现在开垦这额外的土地，对一个努力增产的合作社来说，会带来很大的不同。一种纺织厂找到了消耗途径，减少消耗生产布匹所需的生棉，国家对此受益匪浅。

从目前来看，中国最主要的能源还是人少。物资不能浪费和滥用，人也必受好好得到照顾。如果他们付出了最大的努力，生活条件必须令人满意：每个人都很重要。参观者无不为政府对工人细致周到的关心所打动，贫穷区域的卫生状况得到改善，给人们提供更好的房屋，托儿所，孕期休假，医院和诊所，分发毯子：尽管预算支出很少，政权给大家提供了公共卫生条件和生活标准，而这一切在十年前是无法想象的。制订这些措施不是为了“顾面子”；它目的是产生具体的效果。婴儿死亡率必须降低，流行病和疾病必须得到控制，保证人人都有足够的像样的食品；否则，国家就会缺乏它绝对应该有的：强壮的胳膊和脊背。有些人喜欢判断事情背后的意图，他们会发现，政府的政策里充斥着隐秘的动机；确实如此：中国的工人有理由为此感到欢欣。没有什么比“仁慈”更可疑的了，“仁慈”坚持认为它与你所处位置间的差异，你受它的操纵：因为“仁慈”的精神也许是被疑虑、顾忌和怪念头激发的。

反对共产党的人会反驳说，中国工人为这些好处所付出的代价太昂贵了：他们要了他的自由。这个陈词滥调大出风头：中国成了蚂蚁的王国。蚂蚁——这个比喻并不新颖。出于某些不言而喻的原因，急于断言团结剥削者和被剥削者的不同利益集团的社会，保守派的哲学总是机体论；不寻常的是，当蜂窝被视为一个好的社会的例子时，把人类社会比作蚂蚁山，却有着轻蔑的含义。格鲁塞早些时候用指亚洲。吉尔连很为自己的独创新颖感到自豪，几年来一直在谈论蚂蚁山。戈塞夫妇说，在他们记笔记的时候，“蚂蚁山”一词几次自然出现在笔端。然而，对少数几个国家来说，蚂蚁山的描述不是那么贴切。它暗指一个严密计划，非常理性的社会，分工明确、精细。但是，中国是个重复的典型。中国的乡村让人想起巴黎近郊的花园，拖拉机在隆隆作响。农民不是在既定的、组成复杂计划的路线上穿梭忙碌，而是在分散的小块土地上，用同样的姿势在刨地；家家户户、村村寨寨的田地连在一起，重复着彼此的动作。他们的经济是自给自足的。中国的城市没有欧洲城市的有机的整体性，它更像被规划成了一座有许多孤立飞地的迷宫：商店和匠铺成千上万，都非常相似，各自为生。提起农业和手工，敬仰过去的人常会赞叹其中“人情味”“满意”“值得”，这些活动包括进了整个人，而他的每一件劳动成果上都有手的印迹；那为什么一个有着5 000万农民，7 500万工匠，300万工人的国家，会与昆虫王国联系在一起呢？人就是人，无论他在什么地方；但如果谁想玩让人吃惊的修辞格的话，他也许应该比喻在匹兹堡和底特律有一群群的巨大蚂蚁。但不是在北京。

“请稍等”，反对者会说。他会解释政权现在还没达到其目的。他们要我们确信，但是，这冷酷无情的过程已经开始了：无论什么地方，工厂一建成，土地一集体化，人就会被变成机器人。中国的经济是一台无情的机器，每个工人占据一个严格规定的位置，在莫名的压力下，做大量的工作。农民、工人都成了这个制度的奴隶。

政权的批评者不可能不意识到每个经济学家都知道的事实：强迫永远不可能使工人努力生产出产品，无论是在数量上，还是质量上。假定这种恐吓确凿无疑是政府使用的方法，这无异于表明我们的人道主义者一贯鄙视人。中国人是现实主义者，在他们看来，他们现在所指望的成就只可能为那些全心全意搞好工作的人所有，因为他们想取得成就，也应该得到回报。这些考虑在某些经济阶段是无聊的——技术特别滞后或技术特别发达，人的因素几乎不起什么作用。但是，人的因素在今天的中国起着关键的作用。技术正处于发展的中间阶段，产量取决于工人的创造性和主动性。有些合作社有很大的进步，有些停止不前，有的失败了、消失了，这些都是活生生的证据。如果一个车工不热爱自己的工作，不以本职工作为荣，当然不会把工作搞好；但如果他是个有心人，对自己的工作很感兴趣，他会琢磨出方法，怎样做得更快、更好、更简便。某些工厂产品生产得既快又好，而另一些却老落在时间表后，尽生产一些粗制滥造的产品。该如何解释这一切呢？这个工厂或那个工厂，人们的能力和热情程度是不一样的。宣传往往夸大普通工人提出的革新建议重要性；但同样不可忽视的是，他们在这个技术人员匮乏的国家所承担的角色。工程师难觅，优秀的工人受到重视，我们没必要嘲笑"工人英雄"一词。这种工人身上的"英雄主义"并不是被动地顺从，相反，这意味着最积极的、全身心的投入与参与。这是一幅非常奇怪的画面，软弱无能的人们被中国经济所辗压。相反，这机器的操作完全依赖于人。工人们还没有足够的独立，这是事实，他们还不能保护自己的利益，但是，领导者必然会考虑到这些。工人的不满会降低工作效率。满腹怨气、消极怠慢的农民，会瓦解整个制度。

这就是为什么政府一直避免采取强硬措施。不能指责他们这是出于对抽象自由的抽象尊重。政府意识到，要让全国人民的合作产生有意义有成果，大家都必须心甘情愿。因此，政府非常重视教育、解释和说服工作。

在匆忙之间，要取得最好成果的方法是开展“运动”。在资本主义社会，写连环信或连环什么是孤独的人群中孤立的个人所做的怀旧梦想之一。你所需要做的，就是让每个人与其他四个人联系，最终大家都能赢一大笔钱；或者你可以不虐待动物；或者你可翻新整个宇宙。这个把戏从来没真正继续下去，因为话总是传不回去，社会的间隙把这种连环局限在一小群人中，连环最终环为一个很小的圆圈。

中国则没有这样的社会间隙；社会的利益，所有人的经济团结，把这种集体性变成了具体的现实：北京提出的一个口号会传遍城镇、乡村，其重要性不减，远在边关的人领会到的含义与在京城的人一样。整个运动像滚雪球一样一直整个国家都卷进来：卫生运动的巨大成功就是这样取得的。接近1940年时，观察家罗伯特·佩恩写道：

死老鼠满街躺，下水道常常堵塞，条件最好的人家粪便也是倒在距水井只不过是10码的阴沟里，在这样一个国家

里，人人都活着，实在是奇迹。战争结束时，中国首先需要的是铁路工程师，但在很长一段时内里，中国需要优秀的卫生防疫人员。

从资本主义社会的经验来看，中国的情形似乎需要庞大的专家队伍和巨大的财政支出：无人能够预知每个成年人、每个老人、每个小孩都被号召起来打苍蝇和掩埋垃圾。香港悲观的预言家们如今正预言中国将耗时数年才能消灭文盲——哪里能找到老师？哪里来钱支付？答案是：免费服务，一个识字的农民负责教四个人：只要四年时间，每个人都能读会认了。再者，口语的标准化发音不久就能完成。而合作化运动正以超过预想的速度进行着：个人的榜样、群众阶层的相互竞赛，取得了权威所不能取得的成就。如果干部们强迫群众执行，比如说，婚姻法——这种做法遭到了失败。领导者们从中吸取了教训，不再重犯早期的错误了。

这些运动的成功，离不开中国人的自愿参与和热情支持。而在资产阶级自由者的眼里看来，所有这些都是十分令人惊讶的症状：因为没有比自认为是自由的奴隶奴役得更深了。这些不幸的穿蓝衣服的蚂蚁，已经把外界施加给他们的压力变为了内在的道德驱动力。政权把他们玩弄于掌中；政权是如何把他们弄得服服帖帖的呢？靠精明和严厉的手段：它让蚂蚁不想别的，只想……什么都不想，吉尔连这样解释。只有邪恶的巫术，才在人民与政府之间保持调和，巫术的受欢迎程度，就是政府暴虐统治的结论性证据。千万当心，坚决否认证据会带来很多微妙！事实上，如果一开始客观性没被扔进垃圾箱，这些奇怪的主观谜团几乎不可能被捏造出来；只要把它拣回来就可以云开雾散。现在，去问问一个挨饿的家伙："朋友，吃口什么吗？"错不了，他慢吞吞给予肯定的答复。但那个模棱两可的"是"在吉尔连的耳朵听来却不那么舒服，因为烦扰他的是，挨饿的这个人并不是有自由不去选择。确实，如果一个年轻农民想去参军，或想做泥水匠，他有着自己的理由，但是，确切地说，中国人过去没有任何理由急切地做一桩事情；一想到明天，他们就整天怕得发抖，但现在政府给了他们目标以及实现目标的方式和途径。生活孕育着无限的可能性。试想，西方一个工人或农民的儿子，只有隐约的希望和无限的前景吗？早在天天在黄河两岸的农田耕作的小伙子可以有许多职业选择之前，黄河就冲积了大量的淤泥到海中。

但是，最本质的是，小伙子已从那动物般求生存的日子中被救出来，有了做人的机会。毫不奇怪，他抓住了它。

应该一再指出的是，中国人绝不是对任何召唤都报以顺从和欣然的回应。合作化运动陷入困境已一段时间了。1950年，政府试图减轻上海人口拥挤的局面：许多人被动员回乡，大多数人拒不动窝，最后政府只得放弃了这一计划。

发生这种情况，政府并不会从劝说合作到强制执行；政策行不通时，政府就改变它。这就是反革命们迷惑不解的关键一点：对于政权的要求，只要政权所想的与人民所想的一致，人民总是说"是"。例如，人民财富的普遍增加。萨特关于共产党的评论是非常恰当的（原注：见《共产党与和平》）：领导者只领导人民大众去他的人民大众心所向往的地方。如果在中国，他们的运动往往取得成功，那是因为他们非常细心，制订计划不是根据生硬的理论命令，而是完全按照实际操作情况。毛泽东在巡视了许多地方后深切地感到，农民们已经准备好了开展集体化运动，只是干部们太放不开手干。他回到北京后，于1955年7月发表了加快合作化运动步伐的讲话。任何一个提议的法案，在正式颁发之前，总是经过全国上下的广泛讨论，一个措施，例如，义务兵役法，先要经过实践的检验方可制定成法律。这等于是在探听公众的意见或者说是一种试验。如果尽管经过了这些预防性的步骤，一个措施仍有错误在其中，错误就会得到纠正。很难想象被领导者控制指导着正确的领导。在过去的7年里，政府的各种措施是非常灵活多变的，农业政策根据实际情况一会松一会紧，加快或放慢。多亏了自我批评与适时调整，整个政策仍然保持着延续性，虽然有许多重点转移，但没有突然的大转弯。在此期间，有桩个人闹出的事，那就是对高岗，这“东北的斯大林”的批判，但这不影响整个政策的执行。在某些时期，政策会向某些方面倾斜，以前一直开展着的反腐败的运动曾经温和了一阵子，但在“五反”运动中又加大了力度。美国和台湾焦急盼望爆发的“危机”，一次也未能撼动中国。

与为达到目的而不择手段的马基雅弗利主义不同，这种适应时势而生的英明的政策就是人道主义。马基雅弗利主义暗指用欺骗的手段去达到隐藏的目的。共产党的政策与做法，与综合治理黄河的工程一样，有“许多目标”，但所有目标都同样明显，同样真实。领导者主张集体化是因为——正如他们坦率地宣称的那样——重工业需要农业生产的增产。但是，告诉农民们提高的产量会改善人民的生活水平，干部们并没有撒谎。在现今的中国，符合每个人利益的事对大家都有益，反之亦然。

这事实也许看起来很吓人，但却很有道理：生产取决于每个人的能力和良好的愿望，国家谈不上繁荣富裕，除非人民生活水平各个方面都有所提高。用“人力开销”来衡量中国为所取得的成功而付出的“代价”是没有缘由的：这些成就让中国人自己受益，如果有可能取得成就，那也是因为中国人的情况已经改善了。

如果上面所说的一切能被接受的话，那么，所谓积极的物质成就的图画，会被消极的精神方面的图画所抵消，某些观察家企图表明的这种观点只能在诡辩上作文章了。但是，我们不妨对此作一番探讨。

吉尔连声称，新中国表现出一种讨厌的“对人的鄙视”。在那些使旧政权垮台、新政权杜绝的失误中，吉尔连注意到了“对人的鄙视”。如果你站在精英阶层的立场，明确区分“人”与组成人群的卑贱粗俗的人，这里的这个矛盾也许就能解释得过去了。但是，吉尔连应该指明，他所说的“精神食粮”，指的是对无忧无愁的人的益处，而“物质食粮”只符合许多愁苦的人的利益。无论谁抛弃这个立场，都会认为，新政权尊重人而不是鄙视人，新政权让六亿人找回了人的尊严，这不仅仅是“物质”成就。

反对共产党的人指出，这种尊重是伪装出来的：政权偷走了他们的自由，把他们变得人云亦云、亦步亦趋。我对这种著名的机器的理论不以为然，也许是因为这根本不能使人心悦诚服；但谁能让我相信中国人一直是自由的？农民不仅是经济剥削最无助的牺牲者，而且也是恶劣天气的受害者：这整个听天由命无力反抗不能被误认为是自由。今天的农民正得到帮助；把他们组织起来，不能被误认为是奴役；如果是这样的话，那么西方世界就是奴役世界。我非常喜欢戈塞报道的与共产党工人的一段对话。他们问他：

可是，辛，你能告诉我们你认为自由是什么？

辛想了一会儿：我有自由打篮球。

那么，你是说以前你没有自由打篮球？

你不明白，他耐心地答道。我一直都打篮球。有一天，我的鞋底掉了。我那时很穷，一直也没再买一双新鞋。现在我有两双了。现在你明白我的意思了吧？我又能打

篮球了。

辛十分清楚地定义了六亿中国人对此的看法：有自由吃肉就是有钱买。一个人不能尽情享受今天的阳光，如果他对明天的焦虑正咬噬着他。过去门都上着锁。可以肯定的是，今天每家每户的门都不是大开着的；工厂里容纳不下所有想当工人的农民；闲暇时间也是有限的。但是，大家都有了许多机会；个人不再受家庭的束缚，男女可以决定与自己喜欢的人婚嫁；年轻夫妇自由地过着小家庭的生活。国家需要干部，积极要求上进的人得到各种帮助。总之，对年轻一代来说，这种新的自由是十分具体的现实。

但是，吉尔连却不会受此蒙骗，因为他声称这种自由没有任何精神价值。他嗅觉灵敏，善于找出道德暗示，总想从小说家巴金对他说的话当中闻出点地狱之火和硫磺的味道来："但是，人们只能走好路：通向邪恶的路已经被封住了。"中国是从她古老的社会弊病中降生的，正直和公正主宰一切。一切都很好；但在吉尔连看来，这种美德是不真实的，因为它没有经过从邪恶的内在的转变，他的善行不值得表扬，因为他未曾受过想做坏事的诱惑的考验，因此，他有可能去偷——有可能因抢劫进监狱。贵族滕文公请教孟子如何治理国家，这位哲学家告诉他："民事不可缓也……民之为道也……苟无恒心，放辟邪侈，无不为已。及陷乎罪，然后从而刑之，是罔民也。焉有仁人在位罔民而可为也？"《圣经》教导人们，最无耻的罪孽就是使人受诱惑。我弄不明白，什么样的道德原则让吉尔连去怪罪政权堵住了其公民通向邪恶的路？

吉尔连的态度值得深思，这很能说明许多法国人所理解的"自由"的含义。《法兰西之夜》最近进行的一次民意调查表明，在法国人排在最前的品质中，在能干有进取的人士的聪明之后，是无赖的张扬丑事的能力。最关键的，如阿兰（Alain）在例子中所说明的那样，是会说"不"，这就是自由；资产阶级的个人主义混淆了否定与一般的否认。为说"不"而说"不"是十分有危害的。中国的店家不觉得，作为一个自由人，他有权欺骗他的顾客；为什么会是这样呢？因为他把他的自由放到别处去了。

资产阶级报道者所持的观点认为，中国被剥夺了自由，因而没有个性，因为——根据文明的西方人的信条——自由最重要的就是能够做到不同。吉尔连声称，如今的中国人全都非常相似。

戈塞夫妇比他更甚；他们记下了“残暴的、凶悍的、无情的对个人的消灭。中国建立了统一。统一只不过是一锅土豆泥里的小铲子”。怎么又会是这样？这是肯定的，大家都穿着一样的衣服，他们这样解释。现在，“自由从衣橱开始”，《费加罗报》的作家这样评论吉尔连的书。评论家继续油腔滑调地加上，“不错，自由往往不再往前走”。这句话让读者停下来思考片刻，想想人类的自由是否到具体归结到衣橱里碰巧挂着的什么衣服。在我看来，法国上层社会中有种非常单调的东西，那些有着良好教养、受过良好教育的人，他们的语言、词汇、行为举止，说话的腔调无不受到同样的雕琢，他们无一例外急切地要表明自己的个性，反而强调了这一精英阶层成员间的相似性。然而，中国人却逃脱了这种雷同：他一点也不在乎自己是否与他人一样；他的行为举止自然，因此，中国人的个性与生活一样丰实。如果谁回到家里说中国人看起来都是一样的，他得去看看眼科医生了。

“无论你同谁交谈，你就像是在听同一张古老的唱片。”吉尔连和戈塞夫妇坚持这样认为。他们只接触几个负责接待外国访问者的干部，这些干部的功能是提供信息，而不是发表他们个人看法。我看不出他们为何要走出自己应扮演的角色，对陌生人敞开心扉，而对这些陌生人是否善意他们并没有把握。在此我可以补充一点，在国外游历时，我也经常听到法国或外国官员背诵那些同样枯燥乏味的虚情假意的话。但是，法国并不只是使馆人员告诉人们的那一点点东西，如果认为国务院就是美国，也是犯了相当大的错误。总结"所有中国人都是随大流的"与一再重复所有法国妇女都长着红头发是一样的。我在大街上碰到的人们，我在乡村交谈的农民，在我看来，他们都有鲜明的个性。至于知识分子们，可以很保险地说，在这篇文章中，老舍、曹禺、陈学昭、罗大冈与吉尔连相比较都是有非常鲜明的个性的。关于"头脑的社会主义化"这是吉尔连造出来的时髦的词，洛克奎因（Locquin）已经指出中国人过去能奢望思想的人是多么的少（原注：见《摩登时代》，1956年5月）。人们看到这奇怪的现象，同样这些西方记者，他们既有批评精神又有自由的才智，但他们两者都运用得很少。对中国过去和现状的缺乏最起码的知识或视而不见——这使他们不能对中国的情景，中国是否在走向前有全面的理解，他们用法国资产阶级有关举止、价值和偏见的绝对标准去衡量判断中国的一切；这只能说明他们比孟德斯鸠时的巴黎人还要天真幼稚，因为站在中国的土地上，他们还在挠着脑袋，弄不明白天底下怎么会有中国人这样的人。他们从未想过质问自己的优越感。法诺不能够想象有人会不用西方资本主义的观点来看中国。吉尔连认为任何一种不能促成一个吉尔连的文明是劣等的。戈塞夫妇则很坦率和公开，他们在报道结尾处承认“有一种不踏实感，不敢肯定报道有多接近真实情况”；但是，疑虑不安在他们十分自信的通篇叙述中，只是这么一提罢了。

然而，有件事得让他们都停下来想一想，诋毁政权的人没有一个能提出一条积极的批评建议。他们偷偷地笑，轻蔑地笑，他们气得冒烟，他们悲叹，他们发怒；但当我问法诺先生在他们看来工人们真正需要什么，他仅仅是把自己的愿望当作他们的，回答说：“第三次世界大战。”这就是台湾和香港的疯子们所等待的，他们的消极态度暴露出他们的想象已经枯竭了。有些人试图掩盖这一点，他们的论点是，应该“建立”农业，而不是重分田地，在资产阶级民主的框架里，美国的经济援助会很快调整好中国的经济。这些假设与亚洲其他地方产生的情形完全矛盾。梯伯·曼达（Tibor Mende）尽管仇视共产主义，但他在研究了菲律宾的情况后发现：

如果一种经济是严格建立在自由企业基础上的，又完全缺乏国家计划，美元的援助无论多么慷慨，只会加剧社会中现存的危机……首先解放殖民地的人民，权力把持在少数商人和地主手中，然后靠注入美金支持这些政权，这样的统治往往伴有腐败和无能的特点，这样的做法同样是加剧给社会纷争、暴力和叛乱。

美国试图让蒋介石靠美元撑着，发生的就是同样的事。印度尼西亚现在的经历同样有结论性：美国发现，只有共产主义国家在取得成就。沮丧之余，美国正考虑停止对雅加达的援助。如果与此同时苏联对中国的援助带来了惊人的成就，那是因为援助是为整个国家的利益服务的，完全按照周全的计划进行。中国以前的皇帝也曾经意识到这一点。计划，对亚洲的不发达国家是十分必要的，因为他们没有多余的经济能力来开这不搞计划经济的玩笑。只有共产主义才能提出并执行计划；因此，计划看起来可能是亚洲各民族的希望。

共产主义与计划经济之间的联系并不是偶然的，计划经济要求废除企业的自由经营和盈利，因而资本主义必须铲除，同资本主义之间将有一场较量。指望着有相反的情形，或假设计划经济不要求剧烈的变化，这纯粹是像赛珍珠这样不切实际的美国理想主义者喜欢打的如意算盘。昨天的土地改革和今天的人民专政，都是把中国带入世界强国之林的长征所非常必要的步骤。

这种必要性，赋予了中国革命一种非常特别的色彩；中国革命的发展，从未表现出按照马克思主义照本宣科；许多观察家对此的感触特别深，那就是政权所采用的计划正是任何现代的开明的政府会采用的，来改善国家的情况：企业的民族性，在某种意义上，比其共产主义更具特色。原因之一是，毛泽东从1927年起就致力于阐释“中国的共产主义”，其结果令人佩服地证明“中国的共产主义”适合这个民族的具体需要；另外一个原因是，共产主义的计划是中国唯一的出路。每一个清醒的其他政权，如果当时处在共产党的地位上，也会做他们现在正在做的一切；但是，过去和现在都无人能或无人会占据这个位置。中国不是乐园。很显然，她必须变得更富裕，她必须变得更自由。但是，如果人们把偏见搁置一旁，想想她从何而来，又向何方走去，那么，你也许会同我一样感到，这个新的中国体现了历史最令人激动的一刻。在这一刻，长时期以来一直梦想着人性的人们，终于开始变成人。种田是为了填饱肚子，填饱肚子是为了种田，用自己的粪便给养活自己的那小块种小米的土地施肥，中国农民那苦如动物般求生存的绝望的循环，苦苦地折磨着他们。革命使这循环的圆圈裂开，解放出一星点能量，尽管微少，但毕竟已经开始了连锁反应。中国的生活仍然很艰苦，根都露出来了：如果它们不抱紧，如果枯萎了，那么所有的会跟着一块死去。但是，在今晨的曙光中，前途已经隐约可见，而且前途是无限的。

中国印象

西蒙·波伏娃

我已经把我在中国旅行的所见所闻写了出来（原注：即《长征》）。这一次旅行与我的其他旅行很不相同，它不仅仅是一次漫游，一次冒险，一次仅仅为了猎奇的旅行，而是一次与胡思乱想丝毫没有关系的实地考察。对我而言，中国是一个完全陌生的国家。即使在犹加敦（译注：Yucatán，墨西哥东南部与中美北部的一个半岛）和危地马拉（Guatemala），我还能够建立起一些共识，因为我曾经到过西班牙。但在中国，我却没有丝毫这种共识。通过一些英译本，我对中国的一些作家有一点了解，但直到那时，他们都与我没有什么关系。除了几位法国文学专家外，无论是我的名字还是萨特，对他们都很陌生。报纸介绍萨特说，他刚写完《涅克拉索夫的生平》（涅克拉索夫，Nekrassov，19世纪俄国诗人）一书，与我们交谈的人经常礼貌地表达他们对这一书的兴趣，然后，我们就得谈烹调学。这种互相的无知甚至比各种政治限制更阻碍我们的交谈。此外，对中国文化，我已在别处较详细地谈了，它实质上是文官和朝臣的文化，我又知之甚少。我喜欢京剧，它的音乐富有悲剧性的急迫感，演员姿态优美，唱腔宛转犹如鸟鸣。我喜欢北京古朴的华灯，金秋季节气候宜人的夜晚。有时候，坐在剧院中、漫步在大街上，我被所见到的一切深深地陶醉，忘记了自己的所在。但在大部分时间里，我仍意识到我是在中国，面对着一个我要努力去理解的世界，但我却无法找到理解它的钥匙。

要想解开这些密码并不容易。这是我第一次到远东，第一次真正理解了“不发达国家”一词的含义。席卷了6亿人口的贫穷使我对贫穷有了真正的理解；我第一次见到了人们从事着艰苦的工作：社会主义建设。这些新的经历互相重叠、模糊不清；中国人的贫困我是通过他们要克服这种贫困的努力感觉到的。正是由于贫困，政府的建设性努力才显得很严峻。我所接触到的人们都在表面上向我隐瞒他们的悲欢。然而，通过观看、询问、比较、阅读、聆听，最后，我确实从我半模糊的感觉中清楚地感受到这样的事实：仅仅在几年之中，中国已赢得了与种种苦难作斗争的胜利，这些苦难包括脏、寄生虫、婴儿夭折、流行病、长期营养不良、饥饿；现在，人们有衣穿、有干净的房子住、有食品。由此，我理解到建设这一国家未来的按捺不住的力量是多么真实。其他几个方面也变得清楚了。尽管我的经历还不完全，但我开始想，报道这些事也许是令人感兴趣的。

当我回国之后，我想把有关中国的事情写下来的决心更坚定了。我知道，现在我仍然知道，饱食终日的西方人任何时候也不会想到要去体验他人的生活。我那时也被那种影响了他们的无知所麻木——或受他们的影响而麻木。已被苏联内部的变化所稍稍动摇了的反共产主义者，现在似乎要把中国作为主要的攻击对象了。他们对中国人表示遗憾，因为他们全都穿着蓝色服装

（原注：这完全是真实的，但在中国北方，这种单调的衣着是一种传统），更不用提及，只在前不久还有四分之三的人无衣可穿这一事实了：这些蓄意误解的极端例子敦促着我。另外，我还记得在赫尔辛基我对自己作出的承诺：要通过揭穿香港新闻界的谎言来证明我自己的才能。这一工作的艰苦并没有使我不愉快。它要求我自己作出相当大的努力。为了填补材料中的一些不足，我跑到图书馆与资料中心去查阅有关中国的昨天和今天的报道、文章、研究论文、书籍和统计数字，甚至共产主义中国的敌人对中国的指责文章我也没有放过。我拜访了一些汉学家，他们帮助我并回答了我的问题。所有这些材料的收集花去了我不少时间，我还需花更多的时间去吸收消化我已找到的材料，并加以综合。我很少像那一年那样工作得那么辛苦而又持续那么长的时间。上午我在家工作、下午在萨特的家工作。有时，我会在工作桌旁的某一位置头也不抬地一坐4小时。有时，萨特也非常焦急，因为他看见我的脸变红了；我也觉得我已处在用脑过度的边缘，于是，只得躺在他的沙发上休息几分钟。

无须说，当《长征》一书出版时，我受到反共产主义者的严厉责备，尤其是在美国，当英译本发行时，出现了一片强烈的指责声。多么天真！他们会异口同声地呐喊出来，这些美国人生吞活剥地接受了艾伦·杜勒斯（译注：艾伦·杜勒斯（Allen Dulles），50年代美国中央情报局局长）的一派胡言。然而，在此书出版6年之后，一些非共产主义的专家，像雷诺·杜蒙（René Dumont）、卡西特罗（Josué de Castro）、蒂博·蒙德（Tibor Mende）都肯定了我在书中所说的事实。中国是仅有的一个战胜了饥饿的不发达大国，如果将它与印度、巴西相比，这一胜利是奇迹般的。

我从这一研究中获益不少。当我将自己所处的文明与另一个非常不同的文明相比较时，我发现我过去认为它们所共同具有的一些特质是根本不存在的，像“土地”、“农民”、“村庄”、“城镇”等这些简单的词，中国和欧洲对这些词的理解根本不同，这使我用一种新的眼光看待我所处的环境。在那段时间，我读了列维·斯特劳斯（译注：列维·斯特劳斯，Lévi-Strauss,1908—2009，法国著名人类学家、结构主义学派领袖）的《悲惨的回归线》（*Triste Tropiques*），这本书的许多优点之一，在我看来，乃是使我仿佛有生以来第一次全面地看待整个地球，不是由于他探索的广度，而是由于他在该书中所采取的观点，它和我试图描述北京以及其他我所到过的地方时所采用的观点是一致的。一般而言，这一旅行驱走了我旧有的判断准则。在那以前，尽管我阅读广泛，对非洲和墨西哥有粗浅的知识，但我总是用欧洲和美国的繁荣来作为标准，世界的其他部分只是模糊地浮现在地平线上。与中国人民的结识推翻了我对整个地球的看法，从那以后，（我觉得）正是远东、印度、非洲——尽管它们长期缺乏食物——构成了真实的世界，而我们西方的舒适不过是一种有限的特殊的荣幸而已。

选自Simone de Beauvoir：*Force of Circumstance*（《环境的力量》）。

（柳卸林译，董平校，原载《世界名人与中国文化》）

中国人

眼中的萨特和波伏娃

萨特——进步人类的朋友

张英伦

法国当代最著名的哲学家和作家让-保罗·萨特去世了。虽然他生前从不接受来自官方的任何荣誉，但法国总统德斯坦仍以个人名义亲自向他的遗体告别，政府官员和各政党领袖也纷纷发表悼念他的讲话。中国的电视观众已经看到，数万巴黎普通市民自发地拥上街头，为他送葬，场面是那样隆重，气氛是那样哀痛。与此同时，发自五大洲的电讯纷纷向这位逝者表示敬意。世界公众就是这样对萨特其人作出最好评价的。萨特是中国人民的朋友、进步人类的朋友。中国人民和世界进步人类为失去一位朋友而深感惋惜。

萨特首先是以哲学家而闻名于世的。40年代初，他提出了自己的存在主义哲学思想。简括他说，他认为人降生时并无既定的精神本质；人通过选择自己的义务而获得自身的价值；这种选择是绝对自由的。萨特宣称他在不少问题上赞同马克思主义。他的“存在先于本质”的观点无疑含有一定的唯物主义的成分。但他脱离社会和阶级谈论个人选择的“绝对自由”，却显然是主观唯心主义的。存在主义哲学的确立正值饱受德国法西斯蹂躏的欧洲解放在望的时刻，它适应了许多资产阶级知识分子对抽象自由的渴求，因而风靡一时，在战后10年间，其影响波及整个西方世界的知识阶层。

萨特又是法国存在主义文学的最重要的代表人物。他的文学才能是多面的。以1945年为分界，前期的作品大都旨在阐发其存在主义哲学，后期的作品则偏重于发表其社会政治见解。后期，他的主要建树在于戏剧，其中除《脏手》流露出某种偏见外，其他剧本的思想倾向都相当积极可取：《死无葬身之地》暴露了第二次世界大战期间维希卖国政府对抵抗运动战士的残酷迫害；《特洛亚妇女》谴责了非正义战争，特别是殖民战争；《可尊敬的妓女》抨击了泛滥于美国社会的种族主义……中国广大电影观众都熟悉并喜爱根据萨特的剧作《可尊敬的妓女》改编拍摄的同名影片，不难想见他的作品锋芒之尖锐、说理之雄辩和艺术之感人。1964年，有关机关为表彰萨特的“思想丰富、充满自由气息和探求真理精神的作品”，曾决定授予他以诺贝尔文学奖奖金。尽管萨特谢绝了这一荣誉，但其文学成就毕竟已为举世所公认。

萨特不是那种幽居“象牙之塔”的书生。他与社会政治生活保持着密切的联系，面对国内国际重大事件总是明确地“选择”自己的立场，确定自己的“义务”。第二次世界大战爆发不久，他就应召入伍，走上前线。他被俘后侥幸生还，又立即投身地下抵抗运动。祖国解放后，他热情支持人民争取民主权利的斗争，人们经常可以在集会和游行中看到他的身影。50年代初，他曾谴责美帝发动侵朝战争。他声援阿尔及利亚人民对法国殖民主义的斗争。1968年苏联侵捷后，正在罗马休养的萨特愤怒地向全世界宣告："我认为这是十足的侵略，就是国际法条款中定为'战争罪行'的那类侵略。"历史一再表明，萨特作为社会活动家，经常都是站在正义事业一边，他是进步人类的当之无愧的朋友。

我们特别缅怀萨特对中国人民的热烈而诚挚的友情。新中国成立后，萨特一直关注着年轻的人民共和国的各项事业的发展。1955年秋天，他终于实现了梦寐以求的中国之行。在一个半月的参观访问中，萨特为中国大地的日新月异的变化而惊叹，更为中国人民掌握自己命运的精神所激励。这位思想锐敏、言词坦率的客人在为《人民日报》撰写的《我对新中国的观感》一文中道出了他此行的最深切的感受："在中国，社会主义化是一个生死存亡的问题。……中国必须或者灭亡，或者走向社会主义；它必须或者灭亡，或者变成一个非常强大的国家。然而，只要看一看你们如此欢乐的青年和儿童，就会理会出这个国家一定不会灭亡。"他回国后又写了一系列文章宣传中国人民的成就，增进了法国人民对新中国的了解。我们欣喜地看到，20多年过去了，任凭风云变幻，萨特对中国人民的友谊始终不移。记得同样是在《我对新中国的观感》一文中，萨特曾站在未来的高度坦然地正视死亡："如果人类在我死后还活着，而且我还能清楚地知道人类朝着什么方向前进，那么，我个人的生死问题是无所谓的。"今天，萨特去世了，但他会感到欣慰，因为中国人民在斗争，为了把祖国变成一个萨特曾为之祝愿过的"非常强大的国家"；世界人民在斗争，为了铲除萨特曾与之斗争过的殖民主义、种族主义和霸权主义。人类将永远向着光明前进！

（原载《人民日报》，1980年5月5日）

给萨特以历史地位（节选）

柳鸣九

让-保罗·萨特于1980年4月15日在巴黎逝世。不论是什么国度、不论是什么党派、不论是政治界、哲学思想界、文学艺术界，人们都不能不关注这一悲讯，都不能不感到若有所失。当这个人不再进行思想的时候，当他不再发出他那经常是不同凡响的声音的时候，人们也许更深切地感到了他的丢失了的分量。他在思想界所留下来的一段空白，显然不是短时间里就有人能填补的。不同观点的人，对他肯定会有这种或那种评价，但随着时间的推移，在将来，当人们回顾人类20世纪思想发展道路的时候，将不得不承认，萨特毕竟是这道路上的一个高耸着的里程碑。

…………

萨特另一个极为重要的方面，是作为一个思想家投入了当代政治社会的斗争。在这方面，他是资本主义社会现实的批判者，是反动资产阶级的非正义和罪行的抗议者，是被压迫者和被迫害者的朋友，是社会主义、共产主义的同路人。40年代，他参加过反法西斯斗争，从俘虏营出来后，他组织过“社会主义与自由”的抗敌组织，参加过全国阵线领导下的作家委员会，为法共领导下的地下刊物撰稿。50年代，他谴责美帝的侵朝战争，“为了抗议法国政府对这种帝国主义行为的屈从”，于1952年加入了法共；虽然他对50年代中期共产主义运动中的一些事件不理解，但也曾为无产阶级专政的必要性进行过辩护。60年代，他冒着被捕的危险，反对法国对阿尔及利亚的殖民战争，并不止一次揭露法国殖民者在那里的暴行，1964年，瑞典皇家学院决定授与他诺贝尔奖金，他坚决拒绝，表示“谢绝一切来自官方的荣誉”。70年代，他积极支持工人罢工和学生运动，当法国左派的《人民事业报》受到政府的压制时，他挺身而出，保护这家宣传“毛主义”的刊物，并亲自走上街头叫卖。萨特用自己的行动写下的这份“政治履历表”，充分显示出了一种不畏强暴、不谋私利、忘我地主持正义的精神和任自己的感情真挚地流露而不加矫饰和伪装的襟怀坦白的政治风格。他以这种精神来指导他的文学活动，主张“倾向性的文学”，要求作家用文学来为战斗行动服务。这就使萨特成为了法国历史上那种作家兼斗士的光荣传统的当之无愧的继承者。如果说，属于这个传统的，18世纪有为最大的冤案卡拉事件的昭雪而向封建统治、反动教会作了勇敢斗争的伏尔泰，19世纪有与拿破仑第三的独裁政权进行了长期不妥协斗争的雨果和为德莱菲斯冤案而与整个资产阶级国家机器对抗的左拉，20世纪有把自己的斗争汇入了社会主义时代潮流的罗曼·罗兰与法朗士，那么，在20世纪中叶，则有让-保罗·萨特补充了他们的行列。

萨特曾被称为“20世纪人类的良心”，但对此，资产阶级批评家曾进行了奚落：他的错误太多了，成不了良心。类似的批评也曾来自社会主义国家：他在政治上太“反复无常”了，不可取。萨特作为一个资产阶级思想家，的确有根本的局限，他在政治上、思想上也有过不止一次错误，但是，在近半个世纪以来当代极为复杂、变化多端的政治环境中，试问能保持一贯正确、绝对正确的究竟有多少？只不过萨特比较表里如一、不隐蔽自己的观点、不掩盖自己的矛盾、不事文过饰非而已，“万能的上帝啊，请你把那无数的众生叫到我跟前来！让他们听听我的忏悔……然后，让他们每一个在您的宝座前面，同样真诚地暴露自己的心灵，看看有谁敢于对您说：‘我这个人好’”！

萨特在生前不为资产阶级所喜欢，他们认为他是资本主义世界里的一个“骂娘的人”。但他作为思想家，在我们社会主义国家里也受到过不公正的对待，批评者认为，他“为资本帝国主义制度作辩护”，他发出了“反动资产阶级临死前的悲鸣”，他企图把马克思主义与存在主义调和起来，更是包含着“极大的祸心”，这，对于主观上对中国的社会主义抱着善意、对马克思主义也严肃认真的萨特来说，也许是最大的不幸。这一个精神上叛逆了资产阶级因而被资产阶级视为异己者的哲人，能在什么地方找到自己的支撑点？萨特应该得到现代无产阶级的接待，我们不能拒绝萨特所留下来的这份精神遗产，这一份遗产应该为无产阶级所继承，也只能由无产阶级来继承，由无产阶级来科学地加以分析，取其精华，去其糟粕。

萨特的逝世，给一个社会主义大国的理论界提出了一个艰巨的研究课题。笔者个人对萨特的理解甚为肤浅，只不过是作为社会主义国家读书界的一个读者向萨特表示个人的哀思，并同时表示这样一个信念：萨特是属于世界无产阶级的，正如托尔斯泰属于俄国革命一样。

1980年5月14日

（原载《读书》1980年第7期）

西蒙·波伏娃

金德全

在法国的存在主义作家中，西蒙·波伏娃（Simone de

Beauvoir, 1908）是名望仅次于萨特的一位。从她1943年第一本小说《女客人》（*L' Invitée*）发表之后，她的作品便接二连三问世，并且被公认为典型的存在主义文学作品。她丰富的著作、她著作中所表述的锋芒尖锐的思想、加上她与法国存在主义大师萨特的特殊关系，使她的名字始终与萨特的名字相提并论，使她成为本世纪法国文化思想界有影响的代表之一。

波伏娃1908年生于巴黎一个保守的家庭，自幼受到传统文化的熏陶，也受到宗教的影响。可是她从少年时代起就表现出对旧秩序的怀疑、对新思想的追求。她在大学结识了萨特，1929年，他们同时获得哲学教师资格，从此成为终生伴侣。从1931年起，她先后执教于马赛、里昂、巴黎等地，1943年，小说《女客人》使她一举获得作家声誉，她因而结束12年之久的讲台生涯，开始专心从事写作。她在文坛崭露头角的时代，正是法国人民反抗德国法西斯的艰苦岁月，她和萨特等人积极参加抵抗运动，战后也一直积极参与进步活动。1955年，她和萨特曾经访问我国。

波伏娃的著作很多，她的创作前期主要是写小说，后来则专门发表思想论著；她还写了大量的回忆录，以及一些政论色彩浓厚的旅行随笔。

波伏娃与萨特一样激烈反对“为艺术而艺术”的文艺观，认为文学必须干预政治和生活，主张“干预”文学。她的小说、剧本具有鲜明的思想倾向，热衷于表现时代精神、发掘当代人的思想和疑问，充分表达她的存在主义哲学观点。处女作《女客人》是被认为与萨特的《厌恶》齐名的存在主义小说。书中描写一对自由结合的男女青年与他们的一个女客人之间的感情纠葛。“女客人”是法国沦陷以前的一种时代产物，这个姑娘奉行一种与传统观念格格不入的处世态度，她的放浪形骸、咄咄逼人，以及我行我素的精神使“女主人”既心向往之又不堪忍受，最后，“女主人”为了摆脱“女客人”的存在，只有让其死去才能完事。波伏娃刻画了一类新出现的时代人物，她从存在主义思想出发，表现出人与人之间存在的危机。小说《他人的血》（*Le Sang des Autres*，1944年）描写抵抗运动时期一个地下活动组织者的精神悲剧：他发觉凡是自己想做的事，没有一件不是其他人用鲜血完成的。另一部小说《人无不死》（*Tous les hommes sont mortels*，1947年）则大胆杜撰了一个长生不老者几个世纪的经历，借以鞭挞“长生”这种对人类充满引诱力的梦呓。波伏娃认为人无不死、人的存在都只有一瞬，恰恰是幸福之所在。剧本《吃闲饭的嘴》（*Les Bouches inutiles*，1954年）描写14世纪时一个意大利城邦遭受困绝之时面临的生死存亡的抉择：有人提出消灭城内“吃闲饭的嘴”，要把老弱妇孺杀绝，以对付亡国之灾；可是人民却选择了集体出击，以突围来求生存。波伏娃发表于1954年并获得当年龚古尔文学奖金的《一代名流》（*Les Mandarins*）是一部引人注目的小说。这部作品刻画了第二次世界大战之后法国一部分“左翼”知识分子的精神危机，认为“说真话”与“干革命”之间存在着深刻的矛盾。短篇小说集《美景》（*Les Belles Images*，1966年）是描写现代社会种种现象的一系列吸引人的画面。

与文学创作相比，波伏娃的思想论著显得更为重要，其影响也更为巨大。这些著作数目众多，其中最著名的是发表于1949年的《第二性》（*Le Deuxieme Sexe*）。这部论著奠定了波伏娃在法国思想界的地位。她提出了现代资本主义社会中一个尖锐的问题：什么是女性作为与男性并存的“自然人”的地位？波伏娃对现代女性的现有地位，对其在婚姻及母性义务中担当的角色一概提出疑问。她认为，女性与男性的差别，包括迄今公认为人之常理的差别，都是荒谬的成见，是有史以来对女性加以奴役的结果。她的一句名言是："女人并不是天生的，女人是变成的。"她认为，女人一旦把自己摆到任何一个男人之下（哪怕是自己所爱的男人），她就开始进入被奴役的状态。所以现代女性的出路是完全的独立，争取与男性完全一致的权利；要打破一切社会成见、习俗观念，以及自身的心理偏见。波伏娃本人对此身体力行，她与萨特虽然终生相随，但他们之间不存在任何义务和约束。波伏娃的思想，对于资本主义社会的传统观念是一种极大的冲击，所以她的著作在那些标榜传统道德的资产阶级家庭中的一直被视为禁忌，但在西方的激进青年中却成为最受欢迎的畅销书之一。除了《第二性》以外，她的主要论著还有《庇吕斯与西奈阿斯》（*Pyrrus et Cineas*, 1944年）、《萨德的著作应该焚毁么？》（*Faut-il Brûler Sade?* [萨德Sade, 1740—1814, 18世纪的色情作家], 1951年）、《特权者》（*Privilèges*, 1957年）等。

波伏娃的自传体作品和回忆录详尽记述了她本人的生活与思想历程。最重要的作品是《而立之年》（*La Force de l'Age*, 1960年）和《时势的力量》（*La Force des Choses*, 1963年）。前者记述一个世事懵懂的少女如何步入人生，走向社会的过程，对于第二次世界大战前夕法国知识分子的思想历程有清晰的回顾。后者则详细记述了战后法国思想界的动向，包括有萨特、加缪等人的思想和活动，有极重要的文献价值。其他作品还有《少女时代》（*Mémoires d'une Jeune Fille rangée*，1958年）、《死而瞑目》（*Une Mort très douce*，1964年）、《老　年》（*La Vieillesse*，1970年），以及总结性的《清算已毕》（*Tout compte fait*，1972年）。

波伏娃是个有感则发的旅行家。《美国得过且过》（*L'Amérique au jour le jour*，1948年）是她旅游美国30天的随感录。由于她抨击旧制度的腐朽、旧世界的没落，所以这本书一直受到非议。她与萨特访问新中国之后发表了《长征》（*La Longue Marche*，1957年）一书，热情赞扬中国革命的胜利，表现了她对理想和新道路的探索。

波伏娃是一位存在主义的文学家和思想家，但是与萨特相比，她对人类的前途乐观得多，她曾说过："存在的快乐，应该使人人都能感受到，应该时时刻刻都感受到。"所以她喜欢用形象而浅显的语言阐述她的思想。1978年，波伏娃年届七十，法国文化界拍出一部记述她的生平与思想的传记影片，对于一位迄今仍然健在（编者注：西蒙·波伏娃已于1986年4月14日逝世）的文化艺术人士来说，这是一种少有的荣誉，这说明了她在今日法国文化思想界的地位。

（原载《萨特研究》，柳鸣九编选，中国社会科学出版社，1981年10月）

萨特和波伏娃

在华活动日程表

1955年9月6日

抵达北京机场。

9月22—25日

在中国作家陈学昭陪同下，22日起访问沈阳市，参观第一机床厂、风动工具厂、高坎农业合作区、铁西工业区。

9月26日起

访问抚顺、鞍山。

9月29日

在北京饭店新落成的宴会厅，与2 000多位外交使团和外国代表团成员一起受周恩来接见。当晚，观看国庆游行彩排。

10月1日

走上天安门城楼的观礼台，观看阅兵和国庆游行，受毛泽东主席接见。当晚，与茅盾夫妇同桌观看焰火。

国庆节后

访问南京、上海、杭州、广州等地。

10月20日

离开中国。

图书在版编目(CIP)数据

萨特和波伏娃：对新中国的观感 / 康桥主编. —
上海：上海辞书出版社，2014.7(2023.5 重印)
(亲历中国丛书)
ISBN 978-7-5326-4176-5

Ⅰ.①萨… Ⅱ.①康… Ⅲ.①萨特，J.P.(1905—1980)-传记 ②波伏娃，S.D.(1908—1986)-传记 Ⅳ.①K835.655.6

中国版本图书馆 CIP 数据核字(2014)第 103510 号

亲历中国丛书
萨特和波伏娃：对新中国的观感
康 桥 主编

策划统筹 朱志凌 **篆　　刻** 潘方尔
责任编辑 朱志凌 **封面设计** 零贰壹肆设计工作室
文字编辑 李婉青 **版式设计** 姜　明
技术编辑 楼微雯

出版发行 上海世纪出版集团
上海辞书出版社(www.cishu.com.cn)
地　　址 上海市闵行区号景路 159 弄 B 座(邮政编码:201101)
印　　刷 浙江经纬印业股份有限公司
开　　本 787 毫米×1092 毫米 1/32
印　　张 8 插页 4
字　　数 134 000
版　　次 2014 年 7 月第 1 版 2023 年 5 月第 2 次印刷
书　　号 ISBN 978-7-5326-4176-5/K·966
定　　价 58.00 元

本书如有质量问题，请与承印厂质量科联系。T:0576-83170033